JN451924

현대일본어가
보이는 고전문법

現代日本語がみえる古典文法

현대일본어가 보이는 고전문법

現代日本語がみえる古典文法

인　쇄　2022년 2월 17일
발　행　2022년 2월 23일

저　자　임지영
발행인　정성택
발행처　전남대학교출판문화원

등　록　1981. 5. 21. 제53호
주　소　61186 광주광역시 북구 용봉로 77
전　화　(062) 530-0571~2 마케팅 530-0573
팩　스　(062) 530-0579
홈페이지　http://www.cnup.co.kr
이메일　cnup0571@hanmail.net

값 17,000원

ISBN 978-89-6849-859-6 (93830)

* 잘못된 책은 바꿔드립니다.
* 이 책의 전부 또는 일부 내용을 재사용하려면 사전에 반드시 저작권자와 전남대학교출판문화원의 동의를 받아야 합니다.

현대일본어가 보이는 고전문법

現代日本語がみえる古典文法

임지영 저

전남대학교출판문화원

PREFACE

『현대일본어가 보이는 고전문법』은 일본어 고전문법학습을 위한 일본어학(일본어사)서적으로서 일본어사(특히, 문법사)의 연구성과를 단순 설명식이 아닌 학습주제별 워크시트 작성활동을 통해 습득할 수 있도록 하였다. 또한, 현대일본어문법 속에 남아 있는 고전문법을 소개하고 현대일본어문법과 연계학습할 수 있도록 설계하여 일본어 중·상급학습자의 일본어능력향상을 도모하는 실용어학학습서로서의 성격을 지닌다. 이러한 성격을 지닌 본서는 종합적이고 체계적인 일본어고전문법서를 확충하는 동시에 일본어사분야의 후속연구자를 위한 입문서로서 활용할 수 있다. 더불어 일본관련학과에 개설된 '일본어고전문법' 수업의 교재 및 '일본어현대문법', '일본어사' 등의 교과목과 연계하여 심화학습자료로도 활용할 수 있을 것이다.

본서의 내용은 크게 고전문장을 읽고 해석하는데 필요한 고전문법의 핵심을 다룬 Ⅰ. 고전문법 개설과 Ⅱ. 학습주제별 워크시트로 나뉜다. 마지막 Ⅲ에는 주요 고전문학작품의 부록, 용례출전, 참고문헌을 제시하였다.

TABLE OF CONTENTS

I

고전문법개설 古典文法概說

Ⅰ. 고전문법개설 古典文法概説

1. 고전문법이란? 古典文法とは？

일본어고전문법(이하, 고전문법)은 일본어사 시대구분(표 1 참조) 중 일반적으로 나라(奈良) 및 헤이안(平安)시대의 문학작품에 사용된 문법을 가리킨다. 즉, 나라시대(=상대(上代, 794년 이전))에는 『万葉集(759年 이후 성립)』, 헤이안(=중고(中古, 795~1086))시대에는 『竹取物語』, 『枕草子』, 『源氏物語』와 같은 문학작품에 쓰인 문법이 대표적이라고 할 수 있다. 이러한 고전문법은 문어(文語, written language)문법이라고도 불리는데, 쇼와(昭和)후기(1946년~)에서 현재에 이르는 현대일본어문법(이하, 현대문법)이 구어(口語, spoken language)문법이라 불리는 것과 대조적이다. 아래 〈표 1〉은 여섯 시기로 나눈 일본어사의 시대구분표이다. 高山・青木(2010:p.ⅳ), 小柳(2014:p.20)를 참고하여 여섯 시기(육분법)로 구분한 것이다. 이 외에 일본어사는 상대・중고・중세전기를 합친 '고대'와 중세후기・근세・근대・현대를 합친 '근대'와 같이 이분법으로 나누는 구분법도 있다.

〈표 1〉 일본어사 시대구분 日本語史における時代区分(6区分)

時代		年代
じょうだい 上代		なら じだい いぜん 奈良時代以前（~794年）
ちゅうこ 中古		へいあん 平安時代（795~1086年）
ちゅうせい 中世	ぜんき 前期	いんせいき かきくら 院政期 鎌倉時代（1087~1333年）
	こうき 後期	むろまち 室町時代（1334~1603年）
きんせい 近世	前期	かみかた 上方中心（1604~1750年）
	後期	えど 江戸中心（1751~1867年）
きんだい 近代		めいじき しょうわ 明治期~昭和前期（1868~1945年）
げんだい 現代		昭和後期~現代（1946年~）

헤이안시대에 확립된 고전문법은 근대까지 답습되어 메이지(明治)시대의 문장에서 쉽게 찾을 수 있다. 아래 예는 모리 오가이(森鴎外)의 『무희(舞姫, 1890년작)』의 서두 부분이다. 문장을 읽어보면 현대일본어를 읽을 때와는 다른 문법형식을 발견할 수 있다.

石炭をば早や積み果てつ。中等室の卓のほとりは

いと静にて、熾熱燈の光の晴れがましきも徒なり。

今宵は夜ごとにここに集ひ来る骨牌仲間も「ホテル」に宿りて、

舟に残れるは余一人のみなれば、(後略)

(출전:「青空文庫」https://www.aozora.gr.jp/cards/000129/files/682_15414.html)

＜現代文＞

石炭を早くも積み終えた。中等室の机のあたりは

たいへん静かで、電燈の光が晴ればれとしているのもむなしい。

今夜は、毎晩ここに集まってくるカルタ仲間も「ホテル」に宿泊しており、

船内に残っているのは私ひとりのみだからだ。

2. 현대일본어 속에 숨어 있는 고전문법
現代日本語のなかに潜んでいる古典文法

현대일본어에도 고전문법의 흔적을 종종 찾아볼 수 있다. 예를 들어 아래와 같은 고전동화 및 영화나 게임 명칭, 속담, 문장체 표현 등이 있다.

▷「眠れる森の美女」→ 완료 조동사(助動詞)「り」

▷「風立ちぬ」와「風と共に去りぬ」→ 완료 조동사「ぬ」

▷「ドラゴンクエストXI、過ぎ去りし時を求めて」→ 과거 조동사「き」

▷「見ざる・聞かざる・言わざる」,「～ざるを得ない」,
「見て見ぬふりをする」,「知らんぷりをする」,「～ません」,「～ねばならない」,
「それにもかかわらず」,「～に限らず」,「何も言わずに帰る」,
「ずにはいられない」,「情けは人のためならず」→ 부정 조동사「ず」

▷「急がば回れ」,「人を呪わば穴二つ」,「塵も積もれば山となる」,
「三人寄れば文殊の知恵」「朱に交われば赤くなる」→ 조건 접속조사「ば」

▷「あるまじき行為」→ 부정추량 조동사「まじ」

▷「だろう」→ 추량·의지 조동사「む」

▷「うれしかった」→ 형용사 かり활용

현대일본어의 능력 향상에도 도움이 되는 고전문법학습을 통해 현대일본어 속에 남아 있는 고전문법의 흔적들을 발견해볼 수 있다. 林禔映(2019)에서도 밝힌 바와 같이 현대문법에 익숙한 만큼 고전문법을 학습할 경우 체계적이고 계속적으로 현대문법체계와 대조해가면서 학습해가는 것이 효과적이다. 이 때 일본어문법사연구 및 고전문법교육분야에 축적된

학설을 바탕으로 고전문장을 정확하고 알기 쉽게 해석할 필요가 있다. 고전문장을 해석하는데 있어서 참고할만한 선행연구로 먼저 青木・小柳・高山(2016)은 문법분야의 사적 고찰을 모은 논문집으로 이 중에서 특히 조동사 「けむ、べし」나 부조사(副助詞) 「だけ」가 포함된 구문의 성립이나 추이를 다루고 있다. 다음으로 小柳(2018)은 일본어사의 사례를 관찰하면서 문법변화, 더 나아가 언어변화의 방향에 대해 고찰한 것이다. 또한, 고전문법교육을 다룬 선행연구로는 小田(2015・2018), 福嶋(2018)를 들 수 있다. 小田(2015・2018)는 고전문장 독해 및 고전문법연구를 위한 문법서(reference grammar)로서 풍부한 용례를 바탕으로 고전문법을 포괄적으로 정리한 것이다. 福嶋(2018)는 고전문법교육에 있어서 조동사 「む、むず」의 해석을 어떻게 해야 하는가에 대해 중세후기 일본어의 상황과 テイル형태에 주목하여 언어유형의 변화와 시제(tense,テンス)・상(aspect,アスペクト)・모달리티(modaility, モダリティ)체계의 변화를 바탕으로 「む、むず」를 해석할 필요가 있다고 주장하고 있다. 이 밖에 浅川・竹部(2014)은 고전문법에서 어떠한 변화를 거쳐 지금의 현대문법이 형성되었는가에 대해 품사별로 변천과정을 정리한 연구서이다. 이상의 선행연구를 주요 참고서로 삼아 3절부터 고전문법을 상세히 알아보자.

3 . 고전문법탐구 古典文法探究

3-1 고전문장의 구조 古典文の構造

아래는 헤이안시대 초기에 성립한 『竹取物語』의 서두 부분이다. 한자와 히라가나를 병용한 和文体(わぶんたい)의 흘림체(崩(くず)し字(じ))로 쓰여 있다.

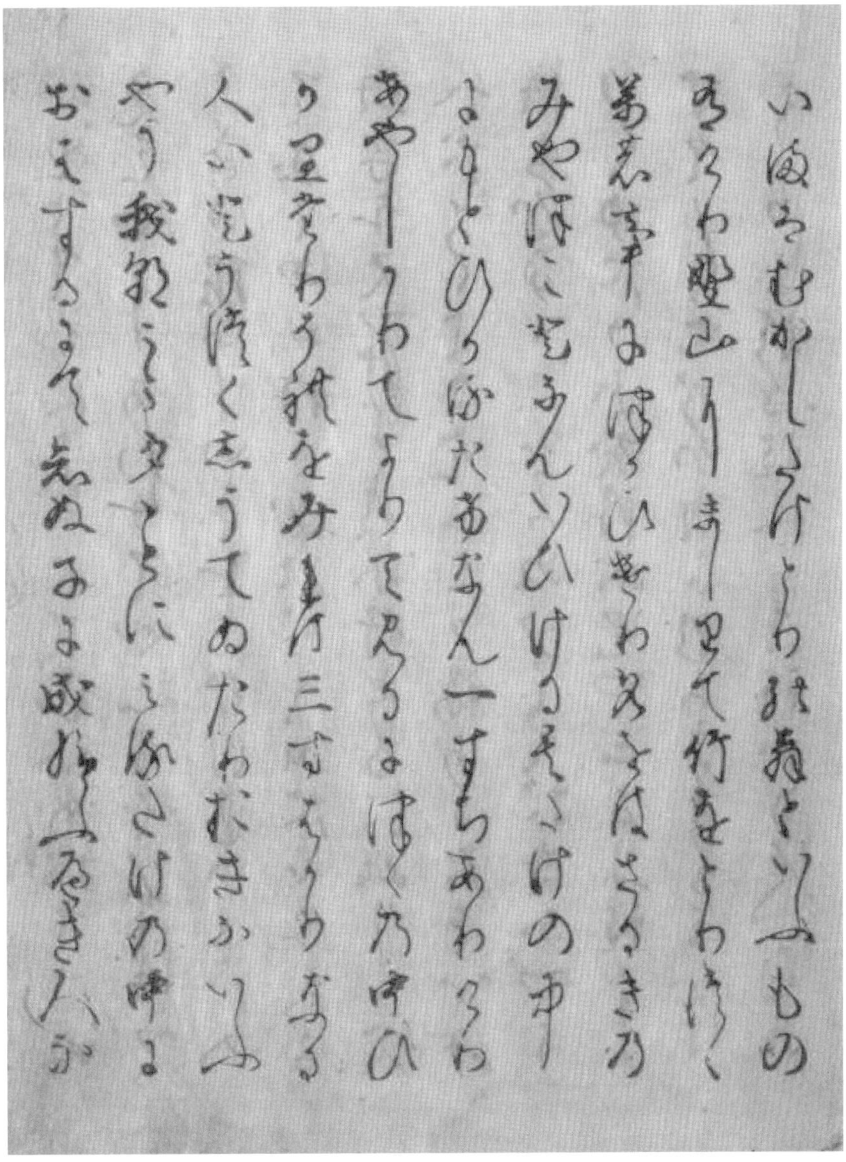

(출전: 古活字十行本·慶長年間 (1596~1615) 刊国立国会図書館所蔵©https://kotobank.jp/word/竹取物語)

위와 동일한 부분을 『新編日本古典文学全集』小学館(p.17)에서 인용한 것이다.

〔一〕竹取の翁の紹介とかぐや姫のおいたち

いまはむかし、たけとりの翁といふものありけり。野山にまじりて竹をとりつつ、よろづのことにつかひけり。名をば、さぬきのみやつことなむいひける。その竹の中に、もと光る竹なむ一すぢありける。あやしがりて、寄りて見るに、筒の中光りたり。それを見れば、三寸ばかりなる人、いとうつくしうてゐたり。

翁いふやう、「我朝ごと夕ごとに見る竹の中におはするにて知りぬ。子になりたまふべき人なめり」とて、手にうち入れて、家へ持ちて来ぬ。妻の嫗にあづけてやしなはす。うつくしきこと、かぎりなし。いとをさなければ、籠に入れてやしなふ。

『竹取物語』를 읽어 보면 고전어는 현대어와 표기가 다른 부분이 있다는 것을 알 수 있다. 고전문장은 10C경의 발음에 기반을 둔 역사적 가나표기법(歴史的仮名遣い)으로 쓰여 있다. 현대가나표기법과 다른 역사적 가나표기법이 사용된 고전문장을 읽는 방법, 즉 발음에는 아래와 같은 규칙이 있다.

▶고전어와 역사적 가나표기법 古典語と歴史的仮名遣い

(1)어두(語頭)이외의 ハ행음

즉, 헤이안시대에 어중(語中)·어미(語尾)의 ハ행음(は·ひ·ふ·へ·ほ)이 ワ행음(わ·い·う·え·お)으로 변하는 ハ행전호음(ハ行転呼音)이 생겨 어두 이외의 ハ행음은 아래와 같이 읽

는다(해당 발음을 화살표 뒤에 히라가나 또는 가타카나로 표시함).

は → わ/ワ　　ひ → い/イ　　ふ → う/ウ　　へ → え/エ　　ほ → お/オ

예를 들어 はな(花)의 は는 ハ로 읽는데 반해 かは(川)의 は는 ハ로 읽지 않고 ワ, 즉 かわ와 같이 읽는다. 이 밖에 うへ (上) → うえ, かほ (顔) → かお, こひ (恋) → こいが 있다.

연습문제

あはれ	→	いきほひ	→
いへ	→	いにしへ	→
おもふ	→	けはひ	→
にほふ	→		

(2)「ゐ・ゑ・を」, 「ぢ・づ」「くわ・ぐわ」 표기는 각각 「い・え・お」, 「じ・ず」, 「か・が」로 읽기

「い」 vs 「ゐ」　　「え」 vs 「ゑ」　　「お」 vs 「を」

「じ」 vs 「ぢ」　　「ず」 vs 「づ」　　「くわ」vs 「か」　　「ぐわ」 vs 「が」

예를 들어 ゐど(井戸)는 「いど」, すぢ(筋)는 「すじ」, いづれ는 いずれ, くわんぱく(関白)는 「かんぱく」, もんぐわい(門外)는 「もんがい」로 읽는다.

연습문제

ゐど →

こゑ →

もみぢ →

くわんにん →

まゐる →

をり →

よろづ →

ぐわん →

(3)모음이 연속할 경우 또는 모음에 「ふ」가 붙는 경우는 장음으로 발음

이 때, 모음에 「ふ」가 붙은 경우는 「ふ」가 어중에 있으므로 (1)의 규칙에 따라 「う」와 같은 발음이 된다. 따라서 모음이 연속하는 경우와 동일하게 읽는다.

あう・あふ → おう/オー

いう・いふ → ゆう/ユー 例)言う

えう・えふ → よう/ヨー

かう・かふ → こう/コー

きう・きふ → きゅう/キュー

けう・けふ → きょう/キョー

연습문제

あふぎ →

うつくしう →

さふらふ →

いうなり →

けうらなる →

たまふ →

(4)조동사 및 조사에 붙은 「む」는 「ん」으로 발음

예를 들어 けむ는 「けん」, てむ는 「てん」, なむ는 「なん」으로 발음한다. む는 간혹 표기되지 않고 생략될 경우도 있는데 なむめり와 같이 표기되는 것이 なめり로 표기되기도 한다. 다만, 이를 발음할 때는 「なんめり」로 읽는다.

연습문제

ゆかむ →　　　　　　　　　　らむ →

정리·복습

(1)すゑ → 　　　　　　(2)こひし →

(3)まゐる → 　　　　　(4)まうす →

(5)あづま → 　　　　　(6)せうえう →

(7)あはれ → 　　　　　(8)てふてふ →

(9)をとつひ → 　　　　(10)せうそく →

▶고전문장의 기본구성 古典文の基本構成

고전문장도 현대문장과 마찬가지로 기본적으로 주어(主語)와 술어(述語), 수식어(修飾語) 등의 성분으로 구성되며, 하나의 술어(즉, 하나의 절(節))로 구성된 단문(単文)과 2개 이상의 술어 또는 절로 구성된 복문(複文)이 있다. 또한, 문장 유형에는 평서문(平叙文), 의문문(疑問文), 감탄문(感嘆文), 명령문(命令文)이 있다.

▷문장 구조

·단문　昔、男ありけり。(伊勢物語)

·복문　いとをさなければ、籠に入れてやしなふ。(竹取物語)

▷**문장 유형**

・평서문　翁､竹を取ること久しくなりぬ。(竹取物語)

・의문문　何事ぞや､童べと腹立ち給へるか。(源氏物語)

・감탄문　いかに美しき君の御戯れ心なり。(源氏物語)

・명령문　いで君も書きたまへ。(源氏物語)

▷**품사(品詞)분류 :** 단어를 형태 및 문법적 특징에 의해 분류한 것

〈표 2〉 학교문법(현대어)의 품사분류

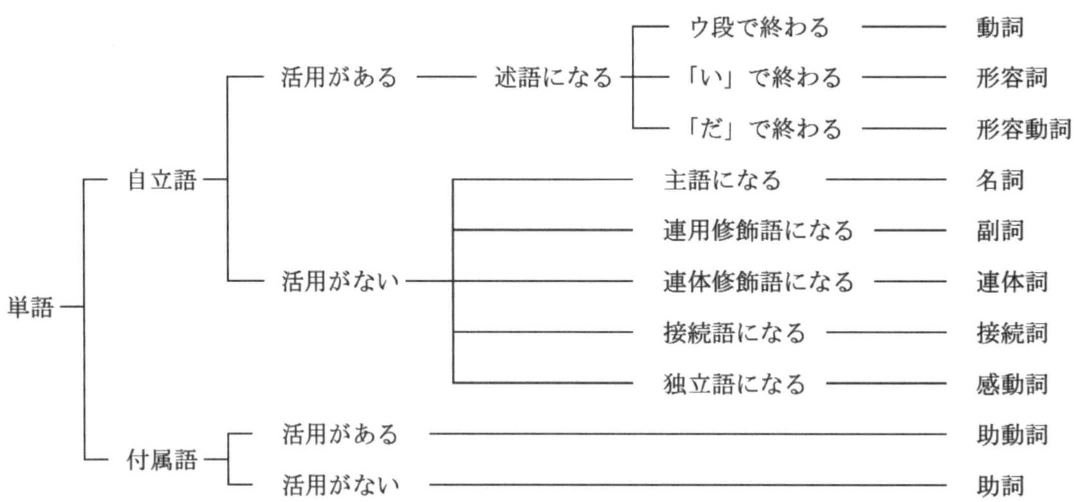

(출전: 森山・矢沢・安部(2011:p.92))

〈표 2〉를 보면 단어에는 자립어(自立語)와 부속어(付属語)가 있으며 각각 활용(活用)하는 것(=활용어)과 활용하지 않는 것(=무활용어)으로 나뉜다.

먼저, 자립어에 속하는 활용하는 단어에는 '동사(動詞)', '형용사(形容詞＝い形容詞)', '형용동사(形容動詞＝な形容詞)'가 있다. 이들은 주로 문장에서 술어로 쓰이고 문장에서의 역할에 따라 형태를 바꾸는 즉, 활용하는 용언(用言)이다.

다음으로 자립어에 속하는 활용하지 않는 단어에는 주어로 쓰이는 '명사(名詞)', 용언을

수식하는 연용수식어(連用修飾語)인 '부사(副詞)', 주로 주어로 쓰이는 체언(体言, 명사나 대명사(代名詞))을 수식하는 연체수식어(連体修飾語)인 '연체사(連体詞)', 접속어로 쓰이는 '접속사(接続詞)', 표현주체의 심적 표시(감동, 감탄) 및 상대방을 부르거나 응답하는 등을 나타내는 독립어(独立語)인 '감동사(感動詞)'가 있다.

부속어에는 활용이 있는 '조동사(助動詞)'와 활용이 없는 '조사(助詞)'가 있다. 이 중 조동사는 용언 중에서도 주로 동사에 붙어 '추량, 의지' 등의 일정한 의미를 첨가하는 단어이다. 이와 같이 품사는 일반적으로 10개로 나뉜다. 아래는 각 품사에 해당하는 고전문장의 예시이다(밑줄은 해당 품사).

·動詞　昔、男ありけり。(伊勢物語)

·形容詞　いかに美しき君の御戯れ心なり。(源氏物語)

·形容動詞　いとしづかに、もの遠きさましておはするに、(源氏物語)

·名詞　翁、竹を取ること久しくなりぬ。(竹取物語)

·副詞　いとをさなければ、籠に入れてやしなふ。(竹取物語)

·連体詞　ある山里に尋ね入ることはべりしに (徒然草)

·接続詞　…目とまり給ふ。さるは、限りなう心を尽くし…、(源氏物語)

·感動詞　いざ、かい餅せん。(宇治拾遺物語)

·助動詞　藤波の咲き行く見ればほととぎす鳴くべき時に近づきにけり。(万葉集851)

·助詞　思はむ子を法師になしたらむこそ、心苦しけれ。(枕草子)

▷**고전문장 특징**(江口1992, 小田2018)

(1) 어순(語順)의 제약

고전문장의 '～と言う(～라고 한다)'로 대표되는 인용구문에서는 현대어와 동일한 어순의 제약이 적용되지 않는 경우가 있다. 예를 들어, ''고전문법 수업은 재미있다'고 거짓말을 한다.'라는 뜻의 현대일본어는 「「古典文法の授業はおもしろい」と嘘を言う。」가 자연스럽다. 이에 반해, 고전어에서는 「嘘を「古典文法の授業はおもしろい」と言う。」라는 어순의 문장이 자연스럽게 쓰인다. 이와 같은 고전문장의 어순은 다음의 예(밑줄 부분)에서 확인할 수 있다.

예) 「雉やある」と求めに来たるに、虚言を「あり、取りにおこせよ」と言へば、(兼澄集)

(2) 보어(補語)의 범위

현대어와 비교해서 고전문장은 동사술어문의 의미를 보충하는 보어의 범위가 넓다. 예를 들어, 현대어의 경우 「～を聞く」는 「{話/音楽/ラジオ/＊昔/＊君} を聞く。」처럼 話, 音楽, ラジオ와 같은 정보 및 음향과 관련된 명사를 보어(필수적보어인 목적어)로 취하고, 昔, 君는 올 수 없다. 명사 앞의 ＊는 해당 예가 비문법적이라는 의미이다. 한편, 고전어에는 昔, 君와 같은 명사도 「聞く」의 보어로 올 수 있다.

예) ①何事も昔を聞くは情けありて、(山家集)

②何しかも波路へだてて君を聞くらん(宇治拾遺物語)

또 다른 예로 현대어에서 「～に行く/帰る」와 같은 이동동사는 「{大学/家/大阪/＊ドア/＊私} に行く/帰る。」처럼 보어의 위치에 장소를 나타내는 명사를 취하고, ドア, 私는 같이 쓸 수가 없다. 이에 반해, 고전어에는 本妻와 같은 명사가 올 수 있다.

예) 新中納言、本妻に帰り給ひて、(宇津保物語)

(3) 전후(前後) 관계를 나타내는 접속표현

현대어에서 전후 관계를 나타내는「まえに(=前に)」,「あとで(=後で)」는 아래와 같이 쓰인다.「まえに」의 앞에는 비(非)과거형「学校に行く」,「あとで」의 앞에는 과거형「課題をした」이 온다.「*学校に行った前に」,「*課題をする後で」라는 표현은 쓰이지 않는다. 현대어에서 주절(「会った」「行きます」)의 시간표현은 발화시점을 기준으로 표현하나,「まえに」,「あとで」가 쓰인 종속절의 시간표현은 발화시점이 아닌 주절을 기준으로 표현한다. 주절을 기준으로 봤을 때 이전에 일어난 일이면 과거형, 이후에 일어난 일이면 비과거형이 된다.

예) 昨日、{学校に行く/*行った} **前に**、友だちに会った。

明日、{*課題をする/した} **後で**、行きます。

한편, 고전문장에서는「まえに」,「あとで」에 해당하는 표현으로「さきに(=先に/前に)」,「のちに(=後に)」가 쓰이며 현대어에서는 쓰이지 않는「과거형+さきに」,「비과거형+のちに」의 표현이 가능하다.

예) 御身くづほれさせ給はざりしさきに、などか仰せられざりし。(宇治拾遺物語)

おのれ死なむ後には、この所をば寺を建て給へ。(今昔物語集)

위와 같은 전후관계를 나타내는 시간표현이 가능한 것은 고전어에서는 종속절의 시간표현도 주절과 마찬가지로 발화시점을 기준으로 하기 때문이다. 예를 들어, 위의 첫 번째 예에서 주절「などか仰せられざりし」는 마지막 부분에 과거 조동사「き」(3-5 조동사부분 참조)의 연체형「し」가 있어 'どうして仰せられなかったのですか'와 같이 과거시제로 해석된다. 종속절은 '(~기) 전에'라는 뜻의 「さきに(=先に/前に)」가 쓰여 현대어라면 주절보다 이후에 일어나는 상황을 나타내기 위해 비과거형이 쓰여야 하지만, 고전어에서는 주절과 마찬가지로 「御身くづほれさせ給はざりし」와 같이 과거시제가 쓰인다.

⑷ 격(格)표시

격(格)이란 문장에서 명사(구)(名詞(句))가 술어에 대해 나타내는 관계를 말한다. 격에는 동작 또는 변화의 주체를 나타내는 주격(主格), 동작의 대상을 나타내는 대격(対格)이 대표적이다. 현대어와 마찬가지로 고전어에서도 다양한 조사를 사용하여 격관계를 표시한다. 다만, 고전문장에서는 주격 및 대격의 조사가 표시되는 경우도 있으나 생략되는 경우가 많다. 즉, 제로격(Ø)으로 조사를 표시하지 않는 경우가 빈번하다. 현대어의 일상회화에서 'ご飯Ø食べた'와 같이 격조사가 생략되는 경우와 비슷하다.

·주격

예) 昔、男Øありけり (伊勢物語)

都の近づくを喜びつつ上る (土佐日記)

雀の子を犬君が逃がしつる (源氏物語)

·대격

예) この尻Ø蹴よといはるる相撲は、(宇治拾遺物語)

翁、竹を取ること久しくなりぬ。(竹取物語)

▶古代語の格表示の整理 고대어 격표시 정리(高山·青木2010:31 인용)

격 종류	고대어(상대어+중고어)	현대어
주격(主格)	Ø、が、の	ガ、ノ
대격(対格)	Ø、を	ヲ
기점(起点)	を、より、から	ヲ、カラ、(ヨリ)
착점(着点)	に、へ	ニ
상대(相手)	に、と	ニ、ト
장소(場所)	に、にて	ニ、デ
원인·이유(原因·理由)	に、にて	デ
도구·수단(道具·手段)	にて、して、より、から	デ、ニヨッテ
공동(共同)	と、して	ト
방향(方向)	に、へ	ニ、ヘ
소유(所有)	の、が	ノ
연체격(連体格)	の、な、つ	ノ

▶격(格)표시의 구체적인 예시

(高山·青木2010:25-31, 沖森·山本·永井2012:75-87 참조)

·주격(主格)

Ø

昔、男Øありけり (伊勢物語)

(現代文 : 昔、男がいた。)

が

雀の子を犬君が逃がしつる (源氏物語)

(現代文 : 雀の子を犬君が逃がしてしまった。)

の

人の見咎(みとが)めつべければ、御念誦(ねんず)堂に籠(こも)り居たまひて、(源氏物語)

(現代文：人が見咎めるであろうから、念誦堂に籠っていられて、)

·대격(対格)

Ø

この尻Ø蹴よといはるる相撲は、(宇治拾遺物語)

(現代文：この尻を蹴れと言われる相撲力士は、)

を

翁、竹を取ること久しくなりぬ。(竹取物語)

(現代文：翁は、竹を取ることが長く続いた。)

·기점(起点)

を

境を出でて下総(しもつふさ)のいかだといふ所に泊まりぬ (更級日記)

(現代文：国境を出て下総のいかだという所に泊まった。)

より

京より疾(と)みの御文あるなり (源氏物語)

(現代文：京から急な用事の手紙があるのです。)

から

明けぬから、舟を引きつつ上れども、(土佐日記)

(現代文 : 夜が明けないうちから、舟を引きながら川を上るけれど、)

·착점(着点)

に

ゆきゆきて駿河(するが)の国にいたりぬ (伊勢物語)

(現代文 : 歩みを進めて行って、駿河の国に着いた。)

へ

池のほとりへ着きたるほど、日は山の端にかかりたり(更級日記)

(現代文 : 池のほとりに着いたとき、日は山の端にかかっている。)

·상대(相手)

に

僧都(そうづ)に会ひてこそは、確かなるありさまも聞きあはせなどして、(源氏物語)

(現代文 : 僧都に会って確かな事情も聞き合わせなどして、)

と

我が背子(せこ)と二人見ませば、(万葉集)

(現代文 : あなたと二人で見られたら、)

·장소(場所)

に

その里に、いとなまめいたる女同胞(はらから)住みけり (伊勢物語) ※なまめく

(現代文：その里に、たいそう優美な姉妹が住んでいた。)

にて

なほ、守の館にて、饗(あるじ)応しののしりて、郎等(らうどう)までに物被(かづ)けたり (土佐日記)

(現代文：やはり、国守の邸宅で大騒ぎをしてもてなし、従者にまで物を授(さず)けた。)

·원인·이유(原因·理由)

に

散りかふ花に道は惑ひぬ (古今和歌集)

(現代文：散り乱れる花のせいで道に迷ってしまった)

にて

竹の中におはするにて知りぬ (竹取物語)

(現代文：竹の中にいらっしゃるので分かりました。)

·도구·수단(道具·手段)

にて

夜一夜(ひとよ)、舟にてかつがつ物など渡す (更級日記)

(現代文 : 夜通し、舟で少しずつ荷物など渡した。)

して

そこなりける岩に、指(および)の血して書きつけける (伊勢物語)

(現代文 : そこにあった岩に指の血で書きつけた。)

より

ただひとり、徒歩(かち)より詣(まう)でけり (徒然草)

(現代文 : 一人きりで、徒歩で詣でた。)

から

徒歩(かち)から罷(まか)りて、(落窪物語)

(現代文 : 徒歩で退出して、)

·공동(共同)

と

「何事ぞや、わらはべと腹立ち給へるか」(源氏物語)

(現代文 :「何事です、子供たちと喧嘩なさったのですか」)

して

もとより友とする人、一人二人して行きけり (伊勢物語)

(現代文 : 古くからの友人、一人二人と {ともに/一緒に} 行った。)

·방향(方向)

に

南風吹けば北に靡(なび)き (更級日記)

(現代文 : 南風が吹くと北の方になびき、)

へ

京へ帰るに、女子(をんなご)の無きのみぞ悲しび恋ふる (土佐日記)

(現代文 : 京の都へ向かって帰るのだが、(土佐で死んだ)娘がここにいないのだけが悲しく恋しく思われる。)

·소유(所有)

の

大君(おほきみ)の御寿(みいのち)は長く天(あめ)足らしたり (万葉集)

(現代文 : 天皇のご寿命は長く空に満ち満ちていらっしゃった。)

が

わが庵(いほ)は都の辰巳(たつみ)しかぞ住む… (古今和歌集)

(現代文 : 私の草庵(そうあん)は都の東南の寂しい山の中だが、…)

·연체격(連体格)

の

「旅の御姿ながらおはしたり」と言へば、(竹取物語)

(現代文 :「旅のお姿でいらっしゃる」と言うので、)

な

大き海の水(み)な底(そこ)深く思ひつつ、(万葉集)

(現代文 : 大きい海の水の底のように深く思いながら、)

※ 'な'는 상대(上代, 나라시대)의 격조사로 현대어의 격조사 'の(~의)'에 해당한다. 명사와 명사 사이에 오는 'な'는 위에 제시한 예 외에도 水(み)な門(と), 目(ま)な子(こ), 水(み)な元(もと), 手(た)な心(こころ) 와 같은 복합명사형태로 쓰였다. 현대어에는 각각 港(みなと), 眼(まなこ), 源(みなもと), 掌(たなごころ)와 같이 단일어 안에 남아 있다.

つ

ささなみの国つ御神(みかみ)のうらさびて荒れたる京(みやこ)見れば悲しも (万葉集)

(現代文 : ささなみの国の神様の気持がすさんで荒れた古都を見ると悲しいことだ。)

※ 'つ'도 'な'와 마찬가지로 상대(上代, 나라시대)의 격조사로 현대어의 격조사 'の(～의)'에 해당한다. 명사와 명사 사이에 오는 'つ'는 위에 제시한 예 외에도 天(あま)つ風, 夕(ゆふ)つ方(かた), 先(さき)つ年(とし), 目(ま)つ毛(げ), 時(とき)つ風(かぜ)와 같은 복합명사형태로 쓰였다. 현대어에는 단일어 まつげ가 남아 있는 정도이다.

3-2 오십음도로 배우는 동사 종류 50音図から習う動詞の種類

고전문법학습에는 일본어의 문자표(알파벳표)인 오십음도에 대한 이해가 필수적이다. 오십음도의 구조와 이를 기준으로 동사 종류를 파악해본다.

▶오십음도의 '행'과 '단' 五十音図の「行」と「段」

오십음도는 음운론적 인식에서 가나를 조직적으로 행(行)과 단(段)을 배열한 박을 표시한 체계표이다. 같은 자음을 공유하는 열을 '행(行)', 같은 모음을 공유하는 열을 '단(段)'이라고 한다. 10C중엽에서 11C에 성립된 것으로 추정되며, 성립 초기의 오십음도는 현재의 오십음도와 행과 단의 순서가 달랐으나 에도시대에 현재의 순서로 정립되었다. 아래 〈표3〉은 현대일본어의 오십음도이며 현재 쓰이는 가나(히라가나로 제시)는 총 46개이다. 고전어가 쓰인 10C중엽에서 11C에는 현재는 거의 쓰이지 않는 ゐ와 ゑ가 있어 가나는 총 48개이다.

〈표 3〉 현대일본어의 오십음도(현재 쓰이는 히라가나를 검정색으로 표기)

	あ행	か행	・・・	は행	・・・	や행	ら행	わ행	
あ단	あ	か	・・・	は	・・・	や	ら	わ	ん
い단	い	き	・・・	ひ	・・・	い	り	ゐ	
う단	う	く	・・・	ふ	・・・	ゆ	る	う	
え단	え	け	・・・	へ	・・・	え	れ	ゑ	
お단	お	こ	・・・	ほ	・・・	よ	ろ	を	

▶오십음도를 기준으로 한 고전문법과 현대문법의 동사

五十音図を基にした古典文法と現代文法の動詞

여기서는 고전문법과 현대문법의 동사에 대해 개괄적인 내용을 정리한다. 먼저, 고전어도 현대어도 동사의 기본형 또는 사전형은 「う단」으로 끝난다. 예를 들어, 書く라는 동사는 고전어도 현대어도 'kaku'와 같이 -u(う단)으로 되어 있다. 단, 고전어의 ラ행변격동사 「あり(ari)」는 예외적으로 「い단」으로 끝난다.

(※ 고전어의 예외: ラ행변격동사「あり」)

고전어	書く	死ぬ	あり	見る	起く	蹴る	受く	く(来)	す
현대어	書く	死ぬ	ある	見る	起きる	蹴る	受ける	来る	する

	あ行	か行	・・・	ら行	わ行
あ段	あ	か	・・・	ら	わ
い段	い	き	・・・	り	
う段	う	く	・・・	る	
え段	え	け	・・・	れ	
お段	お	こ	・・・	ろ	を

▷현대문법의 동사 종류 現代文法における動詞の種類

현대문법의 동사는 기본적으로 3그룹(Ⅰグループ、Ⅱグループ、Ⅲグループ)으로 나뉜다. 오십음도로 생각하면 Ⅰグループ은 5개의 단(=五段)에 모두 걸쳐서 활용하는 5단(활용)동사이다. Ⅱグループ은 1개의 단(=一段)에 걸쳐 활용하는 1단(활용)동사이다. Ⅲグループ은 비교적 불규칙적으로 활용하는 변격(활용)동사이다. 각각의 그룹에 속하는 동사의 예는 아래와 같다.

Ⅰグループ/1그룹 = 五段(活用)動詞 例) 会う、書く、話す

あ、い、う、え、お段 5개의 단에 걸쳐서 활용

Ⅱグループ/2그룹 = 一段(活用)動詞 例) 起きる、受ける

い段 또는 え段에 걸쳐서 활용

Ⅲグループ/3그룹 = 変格(活用)動詞 例) する、来る

3개 그룹(또는 종류)의 동사(활용)종류를 더 세분화하면 5개 종류가 된다. Ⅱグループ과 Ⅲグループ이 각각 2개로 분리되어 아래와 같이 구분된다.

Ⅰグループ/1그룹 = 五段(活用)動詞 例) 会う、書く、話す

あ、い、う、え、お段 5개의 단에 걸쳐 활용

Ⅱグループ/2그룹 = 一段(活用)動詞 例) 起きる、受ける

い段=上一段 또는 え段=下一段에 걸쳐 활용

Ⅲグループ/3그룹 = 変格(活用)動詞

例) 来る=カ行変格(活用)動詞 =カ変

する=サ行変格(活用)動詞 =サ変

Ⅱグループ 중 い段에 걸쳐 활용하는 동사는 い段이 동사의 기본형 또는 사전형이 う段으로 끝나는 것을 기준으로 う段보다 1단 위에 위치하고 있어 上一段(=상1단) 동사로 부른다. 이와 반대로 Ⅱグループ 중 え段에 걸쳐 활용하는 동사는 え段이 동사의 기본형 또는 사전형이 う段으로 끝나는 것을 기준으로 う段보다 1단 아래에 위치하고 있어 下一段(=하1단) 동사로 부른다. 다음으로 Ⅲグループ에 속하는 동사는 来る, する('명사＋する'포함. 예: 勉強する) 2개인데 각각 기본형이 오십음도의 カ行과 サ行음을 기준으로 활용하므로 カ行変格(活用)動詞(=カ행변격(활용)동사, 줄여서 'カ변'), サ行変格(活用)動詞(=サ행변격(활용)동사, 줄여서 'サ변')로 구분된다.

이렇듯 3개 혹은 5개로 나뉘는 현대문법의 동사 종류를 오십음도표를 통해 표시하면 다음과 같다.

〈5단(활용)동사〉 例) 会う、書く、話す

あ、い、う、え、お段의 5개 단에 걸쳐 활용

・基本形기본형＝辞書形사전형

会う 書く 話す

	あ行(→わ行)	か行	さ行	・・・	わ行	
あ段	会わない	書かない	話さない			+～ない形
い段	会います	書きます	話します			+～ます形
う段	会う	書く	話す			+～。or ～とき
え段	会えば	書けば	話せば			+ば形
お段	会おう	書こう	話そう			+う・よう形

〈1단(활용)동사〉 例) 起きる､受ける

い段=上一段 또는 え段=下一段에 걸쳐 활용

・基本形기본형=辞書形사전형

起きる/受ける

		あ行	か行	・・・	わ行
	あ段		起きない/受けない		
上一段(かみ) ⇨	い段		起きます/受けます		
	う段		起きる /受ける		
下一段(しも) ⇨	え段		起きれば/受ければ		
	お段		起きよう/受けよう		

〈변격(활용)동사〉

例) 来る=カ行変格(活用)動詞 =カ変

する=サ行変格(活用)動詞 =サ変

・基本形기본형=辞書形사전형

来る する

	あ行	か行	さ行	・・・	わ行
あ段		こない	しない		
い段		きます	します		
う段		くる	する		
え段		くれば	すれば		
お段		こよう	しよう		

▷고전문법의 동사 종류 古典文法における動詞の種類

현대문법의 동사가 세부적으로 5개 종류로 나뉘는데 반해, 고전문법의 동사는 더욱 세분화되어 9개 그룹(종류)로 나뉜다.

동사활용종류	대표 동사	
4단(활용)동사	書く	あ、い、う、え段의 4개 단에 걸쳐 활용
상1단(활용)동사	見る	い段=上一段에 걸쳐서 활용
상2단(활용)동사	起く	う段과 い段의 2개 단에 걸쳐 활용
하1단(활용)동사	蹴る	え段=下一段에 걸쳐서 활용
하2단(활용)동사	受く	う段과 え段의 2개 단에 걸쳐 활용
カ행변격(활용)동사 =カ변	来	カ行음을 기준으로 활용
サ행변격(활용)동사 =サ변	す	サ行음을 기준으로 활용
ナ행변격(활용)동사 =ナ변	死ぬ	ナ行음을 기준으로 활용
ラ행변격(활용)동사 =ラ변	あり	ラ行음을 기준으로 활용

현대문법과 비교해보면 고전문법에서는 상2단동사, 하2단동사와 같은 2단동사 2개와 기존의 변격활용동사 カ변, サ변에 더해 ナ변, ラ변 2개, 총 4개가 추가되어 9개 종류로 되어 있다. 현대문법에서 5단동사라고 불리는 동사의 대부분은 고전문법에서 4단동사로 불린다. 고전문법의 4단동사는 お단을 제외한 あ、い、う、え段의 4개 단에 걸쳐서 활용하는 것에서 붙여진 이름으로 대표 동사로 '書く'를 들 수 있다. 현대문법에서 동사 '書く'는 5단동

사로 오십음도의 다섯 번째 단, 즉 お단에서도 활용하여 '書こう(=書こ+う)'와 같이 의지·권유표현으로 사용된다. 그러나 고전문법에서는 4단동사이므로 書く의 お단 '書こ'라는 형태는 쓰이지 않는다. 그리고 하1단동사의 경우 명칭은 현대문법과 같으나 이에 속하는 동사는 위에 제시한 '蹴る' 밖에 없다. 참고로 현대문법에서 동사 '蹴る'는 5단동사에 속한다. 한편, 고전문법의 상1단동사는 현대문법과 동일하다.

다음으로 상2단동사, 하2단동사와 같은 2단동사는 현대문법의 상1단동사, 하1단동사에 각각 해당한다. 먼저 상2단동사는 う段과 い段의 2개 단에 걸쳐 활용하는 것으로 대표 동사로는 '起く'가 있다. 현대문법의 상1단동사 '起きる'에 대응한다. 그리고 하2단동사는 う段과 え段의 2개 단에 걸쳐 활용하는 것으로 대표 동사로는 '受く'가 있다. 현대문법의 하1단동사 '受ける'에 대응한다. 특징적인 것은 고전문법의 상2단동사와 하2단동사의 기본형이 현대문법에서와는 'る'로 끝나지 않고 'る' 앞의 가나의 う단으로 끝나고 있다(예를 들어, 起きる의 '(起)き'의 う단인 '(起)く').

·基本形기본형=辞書形사전형

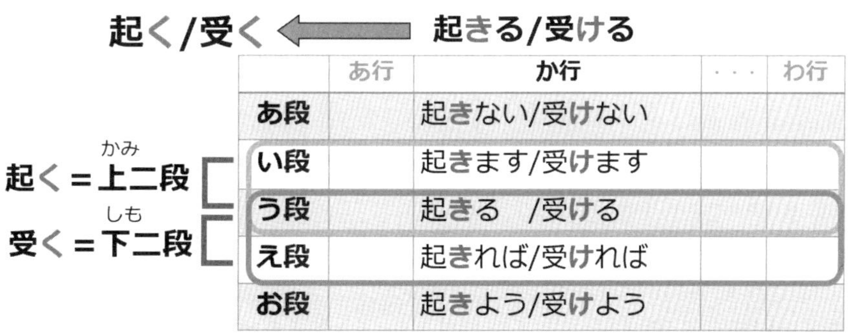

정리·복습 현대어와 고전어의 동사활용종류 채워 넣기

現代語		古典語	
	書く	書く	
	ある	あり	
	死ぬ	死ぬ	
	見る	見る	
	起きる	起く	
	蹴る	蹴る	
	受ける	受く	
	来る	来	
	する	す	

아래는 고전문법의 9개 동사활용종류에 속하는 동사 예를 나열한 것이다. 밑줄은 대표 동사, '…'은 해당 그룹에 속하는 동사 예를 편의상 생략한 것을 의미한다.

동사활용종류	예
4단(활용)동사	書く, 咲く, 漕ぐ, 申す, 待つ, 思ふ, 遊ぶ, 読む, 取る……
상1단(활용)동사	見る, 試みる, 射る, 着る, 似る, 干る, 居る, …
상2단(활용)동사	起く, 過ぐ, 落つ, 閉づ, 恥づ, 恋ふ, 延ぶ……
하1단(활용)동사	蹴る
하2단(활용)동사	受く, 得, 告ぐ, 混ず, 捨つ, 出づ, 寝, 比ぶ, 流る……
カ행변격(활용)동사	来 (「出で来」「持ち来」のように複合した語もある)
サ행변격(활용)동사	す, おはす, います(「漢語や和語の名詞＋す」などの複合動詞は多い)
ナ행변격(활용)동사	死ぬ, 去ぬ·往ぬ
ラ행변격(활용)동사	あり, をり, はべり, いまそがり(＝いますがり)

덧붙여 먼저, 4단동사의 예를 보면 거의 대부분이 현대어에도 쓰이는 형태로 되어 있으나, 思ふ는 현대어에서 쓰이는 思う와 형태가 다른 것을 알 수 있다. 思ふ를 비롯해 歌ふ, 笑ふ는 고전어에서는 は행의 4개 단(즉, は・ひ・ふ・へ)에서 활용하지만, 현대어에서는 思う, 歌う, 笑う와 같이 기본형을 표기하고 わ행・あ행의 5개 단(즉, わ・い・う・え・お)에서 활용한다.

상1단동사의 기본형은 る 앞에 い단음이 온다. 한자표기로 인해 위에 제시한 것을 포함해 10여개 정도인데 히라가나로 표기하면 'いる, きる, にる, ひる, みる, ゐる' 6개로 제한적이다. 이에 반해 하1단동사는 위에 제시한 '蹴る'뿐이며 기본형은 る 앞에 え단음이 온다. 한편, 상2단동사와 하2단동사에 속하는 동사 예는 많으며 고전어에서는 2개 단에 걸쳐 활용하나 현대어에서는 각각 상1단동사, 하1단동사에 속한다.

다음으로 변격동사 4개를 살펴보면 먼저, カ행변격동사는 기본적으로 '来' 뿐이나 '出で来(出づ＋来)', '持ち来(持つ＋来)'와 같이 복합된 단어로 쓰일 때도 있다. サ행변격동사에 속하는 동사 예는 'す', 'おはす', 'います' 3개뿐이다. 다만, 아래와 같이 한자어 및 고유어(和語)의 명사 등에 'す'가 붙어 복합동사로 쓰이는 경우는 많다.

・한자어＋す : 愛(あい)す, 案(あん)ず, 感(かん)ず, 具(ぐ)す, 座(ざ)す, 念(ねん)ず, 化粧(けさう)ず, 御覧(ごらん)ず

・고유어＋す : 旅(たび)す, 心(こころ)す, 罪(つみ)す, ものす, 朝寝(あさい)す, 門出(かどで)す

(沖森・山本・永井2012 : 15에서 일부 인용)

ナ행변격동사에는 '死ぬ'와 '去ぬ・往ぬ' 2개뿐이다. 둘은 한자 표기가 다를 뿐 발음은 'いぬ'로 동일하다. ラ행변격동사는 기본적으로 'あり, をり, はべり, いまそがり(＝いますがり)' 4개뿐이며 대표 동사인 'あり'의 의미를 바탕으로 하는 존재동사이다. 엄밀하게 'はべり'는 'あります, ございます'와 같이 해석되는 'あり'의 겸양어(謙譲語)이고, 'いまそがり'는 'いらっしゃる'와 같이 해석되는 'あり'의 존경어(尊敬語)이다.

3-3 활용형의 명칭과 종류 活用形の名称と種類

동사, 형용사, 형용동사, 조동사와 같은 단어는 문장에 쓰일 때 문법적인 기능을 나타내기 위해 형태를 변화시킨다. 이를 '활용(活用)'이라고 하며 활용할 때 원래 형태에서 변하지 않는 부분을 '어간(語幹)', 변하는 부분을 '어미(語尾)', 변화한 형태를 '활용형(活用形)'이라고 부른다. 현대문법에서는 활용형과 관련하여 'ない形, ます形, て形' 등과 같은 명칭을 사용하는데 반해, 고전문법에서는 아래 6개의 활용형을 사용한다.

▶고전문법 활용형 6개의 주요 의미 古典文法における活用形6つの主な意味

未然形미연형	아직 그러하지 않은 일에 연결되는 형태 まだそうなっていないことにつながる形
連用形연용형	용언(동사·형용사·형용동사 등)에 연결되는 형태 用言(動詞·形容詞·形容動詞など)につながる形
終止形종지형	문장이 끝나는/종지하는 형태 文が終わる/終止する形
連体形연체형	체언(명사·대명사) 등에 연결되는 형태 体言(名詞·代名詞)などにつながる形
已然形이연형	이미 그렇게 된 일에 연결되는 형태 すでにそうなっていることにつながる形
命令形명령형	명령의 의미로 종지하는 형태 命令する形

고전문법의 6개 활용형 명칭 중 '이연형'을 제외한 5개의 명칭은 현대문법(학교문법)에 그대로 사용된다. 참고로 현대문법에서는 '이연형' 대신 '가정형(仮定形)'이라고 부른다. 아래는 4단동사 '書く', 상2단동사 '起く'의 활용형 6개를 표시한 것이다.

		書く(四段動詞)	起く（上二段動詞）
+～ず形	→**未然形**미연형	書かず	起きず
+～たり形	→**連用形**연용형	書きたり	起きたり
+～。	→**終止形**종지형	書く。	起く。
+～とき	→**連体形**연체형	書くとき	起くるとき
+ば形	→**已然形**이연형	書けば	起くれば
+～！	→**命令形**명령형	書け	起きよ

현대문법과의 비교를 통한 고전문법학습을 위해 다음은 5단동사 '書く', 상1단동사 '起きる'를 예로 들어 현대문법의 활용형 6개를 표시한 것이다.

▶현대문법의 활용형 6개(동사 '書く, 起きる')
現代語における活用形6つ(動詞「書く」「起きる」)

・未然形：否定の「ない」や受身・使役・使役受身の「ー(ら)れる、(さ)せる、(さ)せられる」など、まだそうなっていないことにつながる形

		ない	(ら)れる	(さ)せる	(さ)せられる
例)	書く	書かない	書かれる	書かせる	書かせられる
	起きる	起きない	起きられる	起きさせる	起きさせられる

・連用形：用言（動詞・形容詞・形容動詞、「て、た」など）につながる形

例) 書きやすい　起きやすい　書いて　起きて　書いた　起きた

・**終止連体形** : 文が終わる/終止する形, 体言(名詞・代名詞)などにつながる形

例) 書くとき　　　手紙を書く。

起きるとき　　朝7時に起きる。

・**仮定形**(かていけい) : 仮定する形

例) 書けば(いいですか)　　起きれば(いいですか)

・**命令形** : 命令する形

例) 書け　　起きろ

・**意志**(いし)**・勧誘形**(かんゆうけい) : 意志・勧誘する形

例) 書こう (と思います)　　起きよう (と思います)

현대문법과 고전문법의 활용형 간의 차이점에 주목하면 먼저, 현대문법의 종지형과 연체형은 형태가 같아 '종지연체형'으로 사용되는데 반해 고전문법에서는 둘의 형태가 다른 경우가 많아 각각 구분해서 사용한다. 아래와 같이 현대문법에서는「朝起きる」,「起きる時間だよ」와 같이 비과거형(非過去形)으로 문장을 종지할 때와 명사를 수식할 때 형태가 起きる로 같다. 그러나 고전문법에서는「朝起く」,「起くるとき」와 같이「起く」,「起くる」로 형태가 다른 것을 알 수 있다.

現代文法			古典文法		
終止形	=	**連体形**	**終止形**	≠	**連体形**
朝起きる。	=	**起きる時間だよ**	**朝起く。**	≠	**起くるとき**

이와 같이 고전문법에서는 종지형과 연체형이 다르게 쓰이는데 역사적으로 중세이후 종지형이 연체형「起くる」(→이후「起きる」가 됨)으로 합류하게 되어 고전어의 종지형「起く」는 쓰이지 않게 되었다.

다음으로 현대문법에서는 '가정형(仮定形)'과 '의지·권유형(意志·勧誘形)'이 쓰이는데 반해 고전문법에서는 가정(조건) 및 의지·권유의 의미를 나타낼 때는 미연형이 쓰인다. 두 의미 모두 아직 그러하지 않은 일, 즉 아직 일어나지 않은 일을 나타내기 때문이다.

例) 書く	쓴다면	쓰자
現代文法	書けば	書こう
古典文法	書かば	書かむ

또한, 현대문법의 '가정형'은 고전문법에서는 '이연형'으로 불렸다. 예를 들어,「書けば」라는 표현은 현대문법에서는 '쓰면, 쓴다면'과 같은 가정(조건)의 의미를 나타내지만, 고전문법에서는 '이연형' 즉, 이미 그렇게 된 일에 연결되는 형태로 '원인·이유'를 나타내는 의미로 해석된다.

▶고전문법 주요동사의 활용형(6개) 古典文法の基本動詞の活用形(6つ)

현대어와 고전어의 대표 동사를 예로 들어 동사종류별 활용형 6개를 살펴보겠다. 본서는 고전문법학습에 주안점을 두고 있으므로 활용형 명칭은 고전문법에 맞춰 제시되어 현대문법의 명칭과는 다소 상이할 수 있다.

〈4단동사, ラ변동사〉

4단동사의 대표 동사인 '書く(어간은 かく의 'か')'는 미연형 書か·연용형 書き·종지형 書く·연체형 書く·이연형 書け·명령형 書け을 가진다. 즉, 어간 'か'에 'か·き·く·け'의 활용어미가 붙는다. 종지형과 연체형, 이연형과 명령형의 형태가 각각 '書く', '書け'로 같으므로 뒤에 이어지는 문법형식에 따라 의미를 파악해야 한다.

ラ변동사의 대표 동사인 'あり(어간은 あり의 'あ')'는 미연형 あら·연용형 あり·종지형 あり·연체형 ある·이연형 あれ·명령형 あれ를 가진다.

정리·복습

· **基本形**기본형 = **辞書形**사전형 = **終止形**종지형

	五段	五段		四段	ラ変	
	書く	**ある**		**書く**	**あり**	
未然形미연형			+ ない			+ ず
連用形연용형			+ た			+ たり
終止形종지형			+ Φ。			+ Φ。
連体形연체형			+ とき			+ とき
已然形이연형			+ ば			+ ば
命令形명령형			+ Φ!			+ Φ!

〈상1단동사, 하1단동사〉

상1단동사의 대표 동사인 '見る=みる(어간과 활용어미의 구분이 없음)'는 미연형 み·연용형 み·종지형 みる·연체형 みる·이연형 みれ·명령형 みよ를 가진다. 모든 활용형에 い단음인 'み'가 공통적으로 들어 있다. 종지형과 연체형이 같으며 명령형에는 'よ'가 붙는다.

하1단동사의 대표 동사인 '蹴る＝ける(어간과 활용어미의 구분이 없음)'는 미연형 け·연용형 け·종지형 ける·연체형 ける·이연형 けれ·명령형 けよ를 가진다. 모든 활용형에 え단음인 'け'가 공통적으로 들어 있다. 종지형과 연체형이 같으며 명령형에는 'よ'가 붙는다.

정리·복습

· **基本形**기본형＝**辞書形**사전형 ＝**終止形**종지형

	上一段 **見る**	五段 **蹴る**	
未然形미연형			+ ない
連用形연용형			+ た
終止形종지형			+ Φ。
連体形연체형			+ とき
已然形이연형			+ ば
命令形명령형			+ Φ!

	上一段 **見る**	下一段 **蹴る**	
未然形미연형		**蹴**	+ ず
連用形연용형		**蹴**	+ たり
終止形종지형		**蹴**	+ Φ。
連体形연체형		**蹴**	+ とき
已然形이연형		**蹴**	+ ば
命令形명령형		**蹴**	+ Φ!

참고로 현대어의 '蹴る'는 5단동사로 아래와 같이 활용한다.

	未然形	連用形	終止連体形	仮定形	命令形	意志·勧誘形
蹴る	蹴ら	蹴り	蹴る	蹴れ	蹴れ cf.蹴ろ	蹴ろう

〈상2단동사, 하2단동사〉

상2단동사의 대표 동사인 '起く(어간은 おく의 'お')'는 미연형 起き·연용형 起き·종지형 起く·연체형 起くる·이연형 起くれ·명령형 起きよ를 가진다. 즉, 어간 'お'에 い단음 'き' 또는 う단음 'く(る/れ)'의 활용어미가 붙는다. 미연형과 연용형이 같으며 명령형에는 'よ'가 붙는다.

하2단동사의 대표 동사인 '受く(어간은 うく의 'う')'는 미연형 受け·연용형 受け·종지형 受く·연체형 受くる·이연형 受くれ·명령형 受けよ를 가진다. 즉, 어간 'う'에 う단음 'く' 또는 え단음 'け(る/れ)'의 활용어미가 붙는다. 미연형과 연용형이 같으며 명령형에는 'よ'가 붙는다.

정리·복습

· **基本形**기본형＝**辞書形**사전형 ＝**終止形**종지형

	上一段	下一段		上二段	下二段	
	起きる	**受ける**		**起く**	**受く**	
未然形미연형			+ ない	起	受	+ ず
連用形연용형			+ た	起	受	+ たり
終止形종지형			+ Φ。	起	受	+ Φ。
連体形연체형			+ とき	起	受	+ とき
已然形이연형			+ ば	起	受	+ ば
命令形명령형			+ Φ!	起	受	+ Φ!

〈カ변동사, サ변동사, ナ변동사〉

カ변동사의 대표 동사인 '来＝く(어간과 활용어미의 구분이 없음)'는 미연형 こ·연용형 き·종지형 く·연체형 くる·이연형 くれ·명령형 こ(よ)를 가진다. 활용어미가 'こ·き·く'의 3개 단에 걸쳐 불규칙적으로 활용한다.

サ변동사의 대표 동사인 'す(어간과 활용어미의 구분이 없음)'는 미연형 せ·연용형 し·종지형 す·연체형 する·이연형 すれ·명령형 せよ를 가진다. 활용어미가 'せ·し·す'의 3개 단에 걸쳐 불규칙적으로 활용한다.

정리·복습

・**基本形**기본형＝**辞書形**사전형 ＝**終止形**종지형

	カ変	サ変	五段		カ変	サ変	ナ変	
	来る	**する**	**死ぬ**		**来**	**す**	**死ぬ**	
未然形미연형				＋ない			**死**	＋ず
連用形연용형				＋た			**死**	＋たり
終止形종지형				＋Φ。			**死**	＋Φ。
連体形연체형				＋とき			**死**	＋とき
已然形이연형				＋ば			**死**	＋ば
命令形명령형				＋Φ!			**死**	＋Φ!

이상, 고전문법의 주요 동사활용형 9개를 구체적으로 살펴봤다. 정리 및 복습으로 아래 표를 완성해보기 바란다.

정리·복습

▶古典文法の動詞の活用形

		未然形	**連用形**	**終止形**	**連体形**	**已然形**	**命令形**
後に続く形		～ず	～たり	～。	～とき	～ば	～。
四段	書く						
ラ行変格	あり						
ナ行変格	死ぬ						
上一段	見る						
上二段	起く						
下一段	蹴る						
下二段	受く						
カ行変格	来						
サ行変格	す						

▶동사의 음편 動詞の音便

▷현대어의 경우

일부 동사에는 활용어미가 특정 구문환경 속에서 다른 음(音)으로 변하는 음편(音便)이 일어난다. 현대어에서는 5단동사(話す와 같은 サ행은 제외)가 て형, た형 등에 접속할 때 일어난다. 예를 들어 書く는 연용형 書き에 て형, た형이 붙을 때 '書きて', '書きた'가 아니라 '書いて', '書いた'와 같이 연용형 書き의 'き'가 'い'로 음이 변한 'い음편'이 일어난다. 이 외에도 현대어의 5단동사에는 う음편, 발음편(撥音便), 촉음편(促音便)이 일어난다.

[구문환경 : 5단동사(サ행은 제외)가 て형, た형 등에 접속할 때]

・い음편 : 기본형어미 く, ぐ 또는 연용형어미 き, ぎ가 い음으로 변화

書く 또는 書き → 書いて, 書いた

急ぐ 또는 急ぎ → 急いで, 急いだ

・う음편 : ワア행 5단동사 중 예외적으로 촉음편이 아닌 う음편이 일어남

기본형어미 う 또는 연용형어미 い가 う음으로 변화

問う 또는 問い → 問うて, 問うた

乞う 또는 乞い → 乞うて, 乞うた

・발음편 : 기본형어미 ぬ, む, ぶ 또는 연용형어미 に, み, び가 발음ん으로 변화

死ぬ 또는 死に → 死んで, 死んだ

飲む 또는 飲み → 飲んで, 飲んだ

呼ぶ 또는 呼び → 呼んで, 呼んだ

·촉음편 : 기본형어미 う, つ, る 또는 연용형어미 い, ち, り가 촉음っ으로 변화

会う 또는 会い → 会って, 会った

待つ 또는 待ち → 待って, 待った

取る 또는 取り → 取って, 取った

▷고전어의 경우

음편은 헤이안 이후 생겨난 언어현상으로 고전문장에서도 쉽게 확인할 수 있다. 고전어의 경우 음편은 4단동사, ナ변동사, ラ변동사(모두 현대어 5단동사에 해당)에 일어난다.

[구문환경 : 해당 동사가 조사 'て', 조동사 'たり' 등에 접속할 때]

·い음편 : 4단동사 연용형어미 き, ぎ, し가 い음으로 변화

예) 猫のいと和ごう鳴いたるを、(更級日記)

↑鳴き

·う음편 : 4단동사 연용형어미 ひ, び, み가 う음으로 변화

예) 読うでは泣き、泣いては読む (平家物語)

↑読み

·발음편 : 4단동사 연용형어미 び, み, ナ변동사 연용형어미 に가 발음ん으로 변화

예) 若すすきに手切る切る摘んだる菜を、(土佐日記)

↑摘み

예) 死(ん)し子、顔よかりき (土佐日記)

↑死に

ラ변동사 연용형어미 り가 조동사 ぬ에 접속할 때, ラ변동사 연체형어미 る가 조동사 なり·めり·べし에 접속할 때, 발음ん으로 변화

예) 道来る人､「この野は盗人あ(ん)なり」とて､火つけむとす (伊勢物語)

↑あり

※ ナ변동사, ラ변동사의 경우 헤이안시대에는 (ん)이 표기되지 않음

·촉음편 : 4단동사 연용형어미 き, ち, ひ, ラ변동사 연용형어미 り가 촉음っ으로 변화

예) 向かつてくるをば､長刀(なぎなた)で切つて落とす (平家物語)

↑向かひ ↑切り

(沖森·山本·永井2012 : 16 참조)

▶고전문법 6개 활용형의 쓰임새 古典文法の6つの活用形の使われ方

고전문법의 6개 활용형인 '미연형, 연용형, 종지형, 연체형, 이연형, 명령형'에 대한 주요 의미는 위에 언급한 바와 같으나 여기에서는 주요 의미를 비롯해 6개 활용형이 쓰이는 구체적인 접속상황 및 예문에 대해 살펴보고자 한다. 용언이라 불리는 '동사, 형용사, 형용동사' 및 조동사와 같이 활용하는 단어는 문장 안에 쓰일 때 주로 뒤에 오는 단어 및 표현에 따라 활용형이 바뀐다. 각 활용형이 쓰이는 용법(쓰임새)을 정리하면 다음과 같다.

①미연형(未然形)

아직 그러하지 않은 일, 즉 일어나지 않은 일에 연결되는 형태인 미연형은 추량(推量), 의지(意志), 권유(勸誘)를 나타내는 조동사 'む', 부정(否定=打ち消し)을 나타내는 조동사

'ず', 희망(希望·願望)을 나타내는 조동사 'まほし', 가정조건(仮定条件)을 나타내는 조사 'ば'와 같은 문법형식이 접속할 때 쓰인다. 이 외에 미연형에는 수동(受身)·존경(尊敬) 등을 나타내는 조동사 '(ら)る', 사역(使役)을 나타내는 '(さ)す'와 같은 문법형식도 붙는다. 예문의 밑줄은 활용하는 단어의 미연형, 이중 밑줄은 미연형에 접속하는 조동사 또는 조사, 〔 〕안에는 밑줄 친 단어의 기본형(=사전형)에 해당한다.

(1)文を書き置きてまからむ。恋しからむ折々、取り出でて見給へ (竹取物語)

〔まかる〕 〔恋し〕

(2)命死なば、いかがはせむ。生きてあらむかぎりかく歩きて、(竹取物語)

〔死ぬ〕 〔す〕 〔あり〕

(3)御心地なほ例ならずのみ思さるれば、

〔なる〕 〔思す〕

他所に渡りたまひて御修法などせさせたまふ (源氏物語)

〔す〕

(4)見ずもあらず見もせぬ人の恋しくはあやなく今日やながめ暮さむ (古今和歌集)

〔見〕 〔あり〕 〔す〕 〔暮す〕

(5)少しのことにも、先達はあらまほしきことなり (徒然草)

〔あり〕

참고로 예문에 나오는 조동사 및 조사 중에는 형태 및 의미는 다르나 아래와 같이 현대어에도 남아 쓰이는 것이 있다.

·조동사 'む'는 현대어의 'う·よう(예: 書こう, 食べよう)'

·조동사 'ず'는 현대어의 'ない(예: 書かない, 食べない)·ず(예: 書かず, 食べず)'

(4)의 '見もせぬ'의 'ぬ'는 조동사 'ず'의 연체형. 현대어에도 '言わぬが花'와 같은 고사성어에 쓰임

·조동사 '(ら)る', '(さ)す'는 현대어의 '(ら)れる(예: 書かれる, 食べられる)', '(さ)せる(예: 書かせる, 食べさせる)'

·조사 'ば'는 현대어의 가정형 'ば(예: 書けば, 食べれば)'

②연용형(連用形)

용언(동사·형용사·형용동사 등)에 연결되는 형태인 연용형은 중간에 문장을 중지하는 중지법(中止法)으로 쓰이거나, '言ひ知らす', '見聞く'와 같은 복합동사의 앞부분(=전항(前項), 예를 들어 言ひ知らす의 '言ひ', 見聞く의 '見' 또는 '思ひ', '返し'와 같이 명사로 바뀌어 쓰이는 경우도 있다. 또한, 완료(完了)를 나타내는 조동사 'つ·ぬ·たり', 과거를 나타내는 조동사 'き·けり'등과 같은 문법형식이 뒤에 접속할 때 쓰인다. 이 외에도 접속조사 'て·つつ·ながら'와 같은 문법형식도 붙는다. 예문의 밑줄은 활용하는 단어의 연용형, 이중 밑줄은 연용형에 접속하는 조동사 또는 조사, 〔 〕안에는 밑줄 친 단어의 기본형(=사전형)에 해당한다.

(6)物語のことを、昼は日ぐらし思ひつづけ、夜も目の覚めたるかぎりは… (更級日記)

〔思ひ続く〕　〔覚む〕

(7)よろづのことなのめに目安くなれば、いとなむ思ひなくうれしき (源氏物語)

〔なのめなり〕〔めやすし〕　〔思ふ〕〔なし〕

(8)磯に雪降り、波の花咲けり (竹取物語)

〔降る〕

(9)日照りて曇りぬ (土佐日記)

〔照る〕〔曇る〕

(10)食ひながら文をも読みけり (徒然草)

〔食ふ〕　　　〔読む〕

(6)과 (8)의 '思ひつづけ', '降り'은 문장 중간에 중지하는 중지법으로 쓰인 것이다. 여기서 (6)의 '思ひつづけ'의 '思ひ'는 복합동사 '思ひつづく'의 앞부분으로도 분석할 수 있다. (7)의 'なのめに'는 형용동사, '目安く'와 'なく'는 형용사의 연용형으로 해당 표현의 뒤에 용언이 접속하는 경우이다. 그리고 (7)의 '思ひ'는 명사로 쓰인 경우로 뒤에 오는 형용사 'なし'와 함께 '思ひなし(걱정이 없다(心配ない)는 뜻)'로 쓰인다. 이 외의 밑줄 친 연용형은 뒤에 'たる('たり'의 연체형)·て·ぬ·ながら·けり'가 접속한 경우이다.

③종지형(終止形)

종지형은 기본적으로 문장이 끝나는 종지법(終止法)에 쓰인다. 또한, 추량 등을 나타내는 조동사 'べし', 'めり', 'らむ', 접속조사 'と·とも'와 같은 문법형식에 접속할 때 쓰인다. 참고로 종지형은 종종 기본형으로 불린다. 과거나 추량의 조동사가 붙지 않고 시간을 특정짓는 표현 없이 종지형만으로 문장이 끝날 때는 주로 현재 시제로 해석되는 경우가 많다. 예문의 밑줄은 활용하는 단어의 종지형, 이중 밑줄은 종지형에 접속하는 조동사 또는 조사, 〔 〕안에는 밑줄 친 단어의 기본형(=사전형)에 해당한다.

(11)船出だして行く (土佐日記)

〔行く〕

(12)ただ、むなしき風にまかせて歩く (竹取物語)

〔歩く〕

(13)これに薄を入れぬ、いみじうあやしと人いふめり (枕草子)

〔あやし〕〔いふ〕

(14)いとかく思ひ沈むさまを、心細しと思ふらむ (源氏物語)

〔心細し〕〔思ふ〕

(15)家の造りやうは、夏をむねとすべし (徒然草)

〔す〕

(16)千年を過ぐすとも、一夜の夢の心地こそせめ (徒然草)

〔過ぐす〕

(11)(12)는 종지법으로 쓰인 경우이고, (13)~(16)은 종지형에 접속하는 문법형식(이중 밑줄)과 함께 쓰인 경우이다. 참고로 조동사 'べし'는 현대어의 べきだ로 이어진다.

④연체형(連体形)

연체형은 'もの, こと, とき, これ' 와 같은 체언(명사·대명사)에 연결되는 형태로 연체수식어로 쓰인다. 또한, 단정(断定)의 의미를 나타내는 조동사 'なり'가 접속하는 경우나 'が·に·を'와 같은 조사(격조사 혹은 접속조사)를 비롯해 'ぞ·なむ('なん' 으로도 표기)·や·か'와 같은 계조사(係助詞(かかりじょし))를 동반할 때 연체형이 사용된다. 예문의 밑줄은 활용하는 단어의 연체형, 이중 밑줄은 연체형에 접속하는 조동사 또는 조사, 〔 〕안에는 밑줄 친 단어의 기본형(=사전형)에 해당한다.

(17)その竹の中に、もと光る竹 (竹取物語)

〔光る〕

(18)春ごとに流るる川を花と見て… (古今和歌集)

〔流る〕

(19)勝たんとうつべからず、負けじとうつべきなり (徒然草)

〔べし〕

(20)今日なむ参りはべる (源氏物語)

〔はべり〕

(21)よろづのことなのめに目安くなれば、いとなむ思ひなくうれしき (源氏物語)

〔うれし〕

(22)京へ帰るに、女子のなきのみぞ悲しび恋ふる (土佐日記)

〔恋ふ〕

(17)(18)은 '竹, 川'라는 명사와 연결되는 경우이다. (19)는 단정의 조동사 'なり'가 접속한 경우로 'なり'는 현대어의 だ, である('~이다'의 뜻)에 해당한다. (20)~(22)는 문장 중간에 쓰인 계조사 'なむ, ぞ'로 인해 해당 문장의 술어가 연체형으로 끝맺고 있다. 이러한 문법현상을 '係り結び'라고 부른다.

⑤이연형(已然形)

이미 그렇게 된 일, 즉 이미 일어난 일에 연결되는 형태인 이연형은 확정조건(確定条件)을 나타내는 접속조사 'ば'에 접속할 때 쓰인다. 이 때 의미는 현대어의 'ので, から'와 같은 원인·이유를 나타낸다. 또한, 문장 안에 계조사(係助詞) 'こそ'가 나올 때 해당 문장의 술어 부분이 이연형으로 끝맺는 '係り結び'가 일어난다. 이 외에도 'ど, ども'와 같은 역접조사('～지만'의 뜻)가 접속할 때 쓰인다. 예문의 밑줄은 활용하는 단어의 이연형, 이중 밑줄은 이연형에 접속하는 조동사 또는 조사, 〔 〕안에는 밑줄 친 단어의 기본형(=사전형)에 해당한다.

(23)風吹けば、え出で立たず (土佐日記)

〔吹く〕

(24)京には見えぬ鳥なれば、皆人見知らず (伊勢物語)

〔なり〕

(25)もののあはれは秋こそまされ (徒然草)

〔増さる〕

(26)船路なれど、馬のはなむけす (竹取物語)

〔なり〕

(27)音には聞けども、いまだ見ぬ物なり (竹取物語)

〔聞く〕

(23)(24)는 확정조건의 접속조사 'ば'에 접속하는 경우이다. (25)는 계조사 'こそ'로 인해 뒤에 오는 술어를 이연형으로 끝맺은 경우이다. (26)(27)은 역접조사 'ど・ども'에 접속한 경우로 현대어의 'けれども, けれど'의 형태로 이어진다.

⑥명령형(命令形)

명령형은 명령의 의미로 끝나는 형태이다. 또한, 완료·존속(存続)을 나타내는 조동사 'り'가 접속할 때도 쓰인다. 예문의 밑줄은 활용하는 단어의 명령형, 이중 밑줄은 명령형에 접

속하는 조동사, 〔 〕안에는 밑줄 친 단어의 기본형(=사전형)에 해당한다.

(28)しばし待て (竹取物語)

〔待つ〕

(29)これに置きてまゐらせよ (源氏物語)

〔まゐらす〕

(30)文を書き置きてまからむ。恋しからむ折々、取り出でて見給へ (竹取物語)

〔給ふ〕

(31)いみじう心まうけさせ給へり (枕草子)

〔給ふ〕

위에서 살펴본 6개 활용형의 주요 용법에 대해 정리하면 다음과 같다.

정리·복습(1)

▶活用形 (6つ) + [ ]

①未然形미연형 + む・ず・まほし・ば(仮定条件)・(ら)る・(さ)す 等

②連用形연용형 + 中止法, つ・ぬ・たり, て・つつ・ながら 等

③終止形종지형 + 문장을 끝낼 때(終止法), べし・めり・らむ, と・とも 等

④連体形연체형 + 名詞(もの・こと…), なり(断定), ぞ・なむ・や・か 等

⑤已然形이연형　+ ば(確定条件), こそ, ど·ども 等

⑥命令形명령형　+ 명령의 의미로 문장을 끝낼 때, り

정리·복습(2) 동사를 찾아 활용형(6개) 종류 쓰기

(1)物語のことを、昼は日ぐらし思ひつづけ、夜も目の覚めたるかぎりは… (更級日記)

(2)日照りて曇りぬ (土佐日記)

(3)文を書き置きてまからむ。恋しからむ折々、取り出でて見給へ (竹取物語)

(4)勝たんとうつべからず、負けじとうつべきなり (徒然草)

(5)音には聞けども、いまだ見ぬ物なり (竹取物語)

(6)見ずもあらず見もせぬ人の恋しくはあやなく今日やながめ暮さむ (古今和歌集)

(7)船出だして行く (土佐日記)

(8)船路なれど、馬のはなむけす (竹取物語)

(9)これに置きてまゐらせよ (源氏物語)

(10)磯に雪降り、波の花咲けり (竹取物語)

(11)京へ帰るに、女子のなきのみぞ悲しび恋ふる (土佐日記)

(12)食ひながら文をも読みけり (徒然草)

(13)京には見えぬ鳥なれば、皆人見知らず (伊勢物語)

(14)これに薄を入れぬ、いみじうあやしと人いふめり (枕草子)

(15)しばし待て (竹取物語)

(16)少しのことにも、先達はあらまほしきことなり (徒然草)

(17)その竹の中に、もと光る竹 (竹取物語)

(18)よろづのことなのめに目安くなれば、いとなむ思ひなくうれしき (源氏物語)

(19)ただ、むなしき風にまかせて歩く (竹取物語)

(20)文を書き置きてまからむ。恋しからむ折々、取り出でて見給へ (竹取物語)

(21)いとかく思ひ沈むさまを、心細しと思ふらむ (源氏物語)

(22)千年を過ぐすとも、一夜の夢の心地こそせめ (徒然草)

(23)御心地なほ例ならずのみ思さるれば、

他所に渡りたまひて御修法などせさせたまふ (源氏物語)

(24)風吹けば、え出で立たず (土佐日記)

(25)春ごとに流るる川を花と見て… (古今和歌集)

(26)今日なむ参りはべる (源氏物語)

(27)いみじう心まうけさせ給へり (枕草子)

(28)家の造りやうは、夏をむねとすべし (徒然草)

(29)もののあはれは秋こそまされ (徒然草)

(30)命死なば、いかがはせむ。生きてあらむかぎりかく歩きて、(竹取物語)

▶계조사와 '가카리무스비'라는 문말호응 係助詞と係り結びという文末呼応

계조사는 대부분 체언 및 활용어의 연체형(일부는 연용형)에 접속하고, 평서문(平叙文), 의문·반어문(疑問·反語文)의 중간 또는 끝에 쓰여 강조, 의문 등을 나타낸다. 고전문법의 대표적인 계조사는 'ぞ·なむ('なん'으로도 표기)·や·か'와 'こそ'이다. 이들은 위에서 언급한 활용형 6개 중 연체형, 이연형과 관련이 있는데 문장에 'ぞ·なむ·や·か'가 있으면 해당 문장의 술어 부분을 '연체형'으로, 'こそ'가 있으면 '이연형'으로 끝맺음하는 법칙이 있다. 이를 係り結び이라고 부른다. 이 외에도 문말(文末)의 술어를 종지형으로 끝맺는 'は·も'도 계조사로 분류되기도 한다.

▷ぞ (상대(나라시대)에는 ぞ라는 형태도 보임)

·長らへばまたこの頃や偲(しの)ばれむ憂(う)しと見し世ぞ今は恋(こひ)しき (新古今和歌集)

(現代文：生き長らえるならば、この頃のことが、懐かしく思い出されるであろうか。
つらいと思った時が、今では懐かしく思われることだよ。)

·いかにかく言ふぞ (徒然草)

(現代文：どうしてこのように言うのか。)

▷なむ

·その竹の中に、もと光る竹なむ一筋ありける (竹取物語)

(現代文：その竹の中で、なんと根元(ねもと)が光る竹が一本あった。)

・かかる仰せごとにつけても、かき暗す乱り心地になむ(侍る) (源氏物語)

(現代文：このようなお言葉につけても、心が暗くなり、取り乱した気持ちでございますよ。)

▷や

다른 계조사에 비해 접속하는 형태가 다양하다. や가 문장 중간에 쓰일 때는 활용어의 연체형 또는 연용형에 붙으나, 문장 끝에 쓰일 때는 활용어의 종지형 또는 이연형에 붙는다.

・「ここにやいます」など問ふ (竹取物語)

(現代文：「ここにいらっしゃるのか」などと尋ねる。)

・「玉ならずもありけむを」と人言はむや (土佐日記)

(現代文：「珠というほどでもなかったろうに」と他人は言うだろうか。

・名にし負はばいざ言問はむ都鳥わが思ふ人はありやなしやと (古今和歌集)

(現代文：名として「都」という言葉を持っているのなら、さあ、都のことを尋ねよう。

都鳥よ、私の恋しく思っているあの人は無事でいるのか、いないのかと(尋ねよう))

▷か

・いづれの山か天に近き (竹取物語)

(現代文：どこの山が天に近いか。)

·童べと腹立ち給へるか (源氏物語)

(現代文：子供たちと喧嘩なさったのか。)

계조사 や와 か는 둘 다 의문문에 쓰이는데 헤이안 시대에는 주로 や는 진위의문문(真偽疑問文=YES/NO의문문), か는 의문사의문문(疑問詞疑問文=WH의문문)에 쓰이는 사용경향을 보인다.

▷こそ

·中垣(なかがき)こそあれ、一つ家(いへ)のやうなれば、(土佐日記)

(現代文：隔(へだ)ての垣根(かきね)こそあるけれども、一つの屋敷のようなものだから、)

·唐土(もろこし)にもかかることの起(お)こりにこそ、世も乱(みだ)れ悪(あ)しかりけれ (源氏物語)

(現代文：唐土でもこのようなことがもとになって、世の中も乱れ困ったことになったのだ。)

·今様(いまやう)は無下(むげ)にいやしくこそなりゆくめれ (徒然草)

(現代文：今風のやり方は {何とも言いようのないほど/むやみに} 下品(げひん)になってゆくようだなあ。)

3-4 2종류의 형용사류 二種類の形容詞類

▶현대문법의 형용사류 現代文法の形容詞類

형용사는 기본적으로 사물의 성질 및 상태를 나타내는 품사이다. 현대문법의 형용사에는 高い·楽しい와 같은 い형용사와 静かな(人)와 같은 な형용사가 있다. 2종류의 형용사류는 자립어로서 문장에서 술어 및 연체수식어로 쓰이며 활용을 한다. 활용에 대해 구체적으로 살펴보자. 아래 표와 같이 기본형 高い·楽しい·静かだ는 뒤에 부정을 나타내는 ない형, 접속조사 て형 또는 과거를 나타내는 た형과 접속할 때, 마침표를 찍어 현재시제로 문장을 끝맺을 때, とき와 같은 명사, 가정조건을 나타내는 ば형과 접속할 때, 명령형으로 지시할 때 형태를 달리해서 쓰인다.

高い(たか)	楽しい(たの)	静かだ(しず)		
高	楽	静	+ ない形	→ 未然形
高	楽	静	+ て·た形	→ 連用形
高	楽	静	+ ～。	→ 終止形
高	楽	静	+ ～とき	→ 連体形
高	楽	静	+ ば形	→ 条件形
–	–	–	+ ～!	→ 命令形

각각의 활용형을 살펴보기에 앞서 현대문법의 い형용사와 な형용사는 공통적으로 명령형을 가지지 않는다('–'로 표시).

高い는 위에서 순서대로 미연형 高く(+ない), 연용형 高く(+て)와 高かっ(+た), 종지형 高い(+～。), 연체형 高い(+とき), 조건형 高けれ(+ば)의 활용형을 가진다. 이 외에 高い의 미연형에는 추량의 뜻으로 쓰이는 조동사 'う'와 접속한 高かろ(+う)도 있다.

楽しい는 순서대로 미연형 楽しく(+ない), 연용형 楽しく(+て)와 楽しかっ(+た), 종지형 楽しい(+～。), 연체형 楽しい(+とき), 조건형 楽しけれ(+ば)의 활용형을 가진다. 이 외에 楽しい도 위의 高い와 마찬가지로 미연형에는 추량의 뜻으로 쓰이는 조동사 'う'와 접속한 楽しかろ(+う)도 있다.

静かだ는 순서대로 미연형 静かで(は)(+ない), 연용형 静か(+て)와 静かだっ(+た), 종지형 静かだ(+～。), 연체형 静かな(+とき), 조건형 静かなら(+ば)의 활용형을 가진다. 이 외에 静かだ의 미연형에는 추량의 뜻으로 쓰이는 조동사 'う'와 접속한 静かだろ(+う)도 있다. 현대문법에서 な형용사로 불리는 静かだ, 有名だ, きれいだ는 기본형이 'だ'로 끝나고 있어 '学生だ'와 같이 명사에 'だ'가 붙은 형태와 유사하다. 실제로 静かだ의 활용형을 보면 미연형, 연용형, 종지형, 조건형에 'で･だっ･だ･なら'가 쓰이는데 명사도 이러한 표현들을 동반하여 '学生で(はない), 学生で, 学生だっ(た), 学生だ, 学生なら'로 쓰인다.

▶고전문법의 형용사류 古典文法の形容詞類

고전문법에서도 현대문법과 마찬가지로 형용사는 기본적으로 사물의 성질 및 상태를 나타내는 품사이며 자립어로서 술어 및 연체수식어로 쓰이는 의미기능은 동일하다. 다만, 고전문법에서는 い형용사를 '형용사', な형용사를 '형용동사'로 부르는 명칭이 다르고 활용 종류가 더욱 세분화되어 있다. 먼저 '형용사(현대어의 い형용사)'부터 살펴보자.

▷고전문법의 형용사(い형용사에 해당) 古典文法の形容詞(い形容詞に該当)

형용사의 기본형은 현대어에서 '高い, 楽しい'와 같이 'い'로 끝나는 것과 달리, '高し, 楽し'와 같이 대부분 'し'로 끝난다. 일부 형용사 중에는 'いみじ, すさまじ'와 같이 'じ'로 끝나는 단어도 있다. 이러한 형용사의 활용은 현대어와 비슷한 부분도 있으나 활용형이 더 다양하다.

아래와 같이 '高し, 楽し'의 미연형부터 명령형에 붙는 조동사 및 조사, 기호 등은 + 뒤에 표시했듯이 미연형은 부정을 나타내는 조동사 'ず형', 연용형은 완료를 나타내는 조동사 'たり형', 종지형은 마침표, 연체형은 형식명사 'とき', 이연형은 조사 'ば형', 명령형은 명령·지시의 표시로 느낌표로 표시했다(이하 동일).

高(たか)し	楽(たの)し		
高	楽	+ ず形	→ 未然形
高	楽	+ たり形	→ 連用形
高	楽	+ ～。	→ 終止形
高	楽	+ ～とき	→ 連体形
高	楽	+ ば形	→ 已然形
−	−	+ ～！	→ 命令形

高し는 순서대로 미연형 高く, 연용형 高く, 종지형 高し, 연체형 高き, 조건형 高けれ의 활용형을 가진다. 楽し는 미연형 楽しく, 연용형 楽しく, 종지형 楽し, 연체형 楽しき, 조건형 楽しけれ의 활용형을 가진다. 이 때 연용형의 활용어미가 高く와 같이 어간(たか) 뒤에 く가 붙은 것을 'ク활용', 楽しく와 같이 어간(たの) 뒤에 'しく'가 붙은 것을 'シク활용'이라고 부른다. 이렇게 고전문법의 형용사는 ク활용과 シク활용의 2종류를 가지는데 대체적으로 ク활용은 상태 및 성질을 나타내는 형용사류이며, シク활용은 감정 및 감각을 나타내는 형용사류이다. 현대어에서 기본형 또는 종지형이 '～しい'로 끝나는 것이 대체로 シク활용에 해당한다고 할 수 있다. 아래는 ク활용과 シク활용에 속하는 형용사 종류를 표시한 것이다(高山·青木2010 : 20 일부 인용).

①ク활용

: 荒し、多し、重し、清し、暗し、険し、濃し、寒し、白し、高し、遠し、長し、

和し、早し、広し、深し、太し、若し…

痛し、辛し、苦し、良し、悪し…

②シク활용

: 惜し、いとほし、うつくし、うらやまし、うるはし、うれし、悲し、くやし、

恋し、さびし、楽し、つつまし、欲し、めざまし、やさし…

正し、宜し、悪し、新し、涼し、等し…

위의 예시를 보면 ①ク활용을 하는 형용사는 대체로 상태 및 성질을 나타내는데 痛し, 辛し, 苦し, 良し, 悪し와 같이 감각 및 감정으로 해석될 수 있는 형용사도 속해 있다. 반면, ②シク활용을 하는 형용사는 대체로 감정 및 감각을 나타내는데 正し, 宜し, 悪し, 新し, 涼し, 等し와 같이 상태 및 성질로 해석될 수 있는 형용사도 속한다.

이처럼 고전문법의 형용사는 주요 활용(主活用 또는 本活用)으로 ク활용과 シク활용의 2종류가 있는데 이외에도 보조적인 활용(補助活用)으로 カリ활용이 있다. カリ활용은 어원적으로 ク활용과 シク활용에 공통적으로 들어있는 'く'에 존재동사 'あり'가 결합하여 생긴 것이다. 高し와 楽し의 주요 활용에 보조활용인 カリ활용을 표시하면 다음과 같다.

高(たか)し	楽(たの)し		
(高く)・高から	(楽しく)・楽しから	+ ず形	→ 未然形
高く・高かり	楽しく・楽しかり	+ たり形	→ 連用形
高し	楽し	+ ～。	→ 終止形
高き・高かる	楽しき・楽しかる	+ ～とき	→ 連体形
高けれ	楽しけれ	+ ば形	→ 已然形
− ・高かれ	− ・楽しかれ	+ ～！	→ 命令形

위의 표를 보면 먼저 형용사의 주요 활용에는 원래 명령형이 없으나 カリ활용으로 인해 명령형 '高かれ'가 추가된 것을 알 수 있다. 또한, 미연형, 연용형, 연체형은 カリ활용이 더해져 2개 형태가 보인다. 예를 들어 ク활용 형용사인 高し의 미연형은 高く와 高から 2개이다. 한편, 이연형에도 カリ활용이 더해져 2개 형태(예: 高けれ・高かれ, 楽しけれ・楽しかれ)를 제시하는 경우가 있으나 위의 '～けれ(예: 高けれ, 楽しけれ)'와 같이 1개 형태를 제시하는 것이 일반적이다. 덧붙여 高し와 楽し의 미연형에 (高く), (楽しく)와 같이 괄호를 친 이유는 이러한 형태는 뒤에 조사 'は'가 접속할 때만 제한적으로 나타나는 형태이기 때문이다.

이상으로 고전문법의 형용사 활용 종류에 대해 살펴봤다. 이를 통해 현대어의 い형용사 쓰임 중에 과거표현 '高かった'의 '高かっ'은 연용형으로 고전문법의 カリ활용인 '高かり(+た)'의 흔적이 남아 있는 것을 알 수 있다. 이 외에도 연용형의 '高く', 이연형(이후 '조건형'으로 명칭 변경)의 '高けれ'도 현재까지 이어지고 있다. 참고로 미연형과 관련하여 현대어에 '高かろう'라는 형태가 보이는데 이는 カリ활용의 미연형 '高から'에 조동사 'む'의 후속 형태인 'う'가 붙어 만들어진 '高から(+う)'에 기반하고 있다.

▷**형용사의 음편**(沖森·山本·永井2012:20 참조)

·い음편 : 연체형어미 き, しき가 체언, 조사 'かな'에 접속할 때 い음으로 변화

예) いと暗い夜、(更級日記)

↑暗き

·う음편 : 연용형어미 く, しく가 용언, 조사 'て' 등에 접속할 때 う음으로 변화

예) 同じ小柴なれど、うるはしう為渡して、(源氏物語)

↑うるはしく

예) いとうつくしうてゐたり (竹取物語)

↑うつくしく

·발음편 : かり활용의 연체형어미 かる, しかる가 조동사 'なり', 'めり', 'べし' 등에 접속할 때 발음ん으로 변화. ん은 표기되지 않기도 함

예) 人の心ざし等しか(ん)なり (竹取物語)

↑等しかり

위의 음편 중에서 う음편은 현대공통어(도쿄어)에서도 쉽게 찾아볼 수 있다. 아래 예와 같이 형용사의 연용형어미 'く', 'しく'에 'ございます', '存じます' 등을 동반하는 경우 연용형어미가 う음이 된다.

예)	お早(はや)くございます	→	おはようございます
	涼しくございます	→	涼しゅうございます
	ありがたく存じます	→	ありがとう存じます
	おめでたく存じます	→	おめでとう存じます

▷고전문법의 형용동사(な형용사에 해당) 古典文法の形容動詞(な形容詞に該当)

고전문법의 형용동사는 현대어와 달리 기본형이 なり와 たり로 끝나며 활용형태도 'ナリ활용'과 'タリ활용' 2종류가 있다. 여기서 ナリ활용과 タリ활용은 형용사의 カリ(く+あり)활용처럼 어원적으로 존재동사 'あり'와 연관이 있는데 なり는 'に'+'あり', たり는 'と'+'あり'의 결합으로 생긴 것이다. 아래는 ナリ활용과 タリ활용에 속하는 형용동사 종류를 표시한 것이다.

①ナリ활용

:あはれなり、麗らかなり(=麗らなり)、苦しげなり、異なり、細かなり、静かなり、

漫ろなり、のどかなり、平なり、豊かなり …

②タリ활용

: 忽然たり、堂々たり、茫々たり、平然たり、悠然たり、…

ナリ활용을 하는 형용동사는 현대어의 な형용사로 이어지는데 반해 タリ활용을 하는 형용동사는 일부 형태(예: 연용형인 (正々)堂々と戦う, 茫々とした砂漠, 연체형인 堂々たる態度)만 남고 거의 쓰이지 않게 된다. 또한, タリ활용을 하는 형용동사는 '堂々, 平然'와 같은 한자어에 たり가 접속한 형태이다. 静かなり와 堂々たり의 활용을 표시하면 다음과 같다.

静かなり	堂々たり		
静かなら	堂々たら	+ ず形	→ 未然形
静かに·静かなり	堂々と·堂々たり	+ たり形	→ 連用形
静かなり	堂々たり	+ ～。	→ 終止形
静かなる	堂々たる	+ ～とき	→ 連体形
静かなれ	堂々たれ	+ ば形	→ 已然形
静かなれ	堂々たれ	+ ～！	→ 命令形

ナリ활용과 タリ활용 모두 연용형은 '静かに·静かなり', '堂々と·堂々たり'와 같이 2개 형태를 가진다. 본래의 활용어미 'に'와 'と'에 존재동사 'あり'가 붙어 만들어진 'なり'와 'たり'가 각각 추가된 것이다.

▷**형용동사의 음편**(沖森·山本·永井2012:23 참조)

·발음편 : 연체형어미 なる가 조동사 'なり', 'めり', 'べし' 등에 접속할 때 발음ん으로 변화. ん은 표기되지 않기도 함

예) まいて、験者などはいと苦しげな(ん)めり (枕草子)

↑苦しげなり

연습문제 밑줄의 품사(형용사 또는 형용동사) 기본형, 활용 종류, 활용형 쓰기

예) 海あらければ、舟出ださず、(土佐日記)

→형용사, あらし, ク활용, 이연형

(1) よろづのことなのめに目安くなれば、いとなむ思ひなくうれしき (源氏物語)

(2) しづかなる山の奥、無常の敵、競ひ来らざらんや (徒然草)

(3) 忘れがたく、口惜しきこと多かれど、え尽くさず、(土佐日記)

(4) 屋のさま、いとひらに 短く、瓦(かはら)ぶきにて、(枕草子)

(5) また野分のあしたこそをかしけれ (徒然草)

(6) 一人は立てり、一人は居りと見るに、忽然として失せぬ (宇治拾遺物語)

(7) 小野にまうでたるに、比叡の山のふもとなれば、雪いとたかし (伊勢物語)

(8) 女児(をんなご)も、男児(をのこご)も、法師(ほふし)も、よき子ども持たる人、いみじう うらやまし (枕草子)

(9) 公事(おほやけごと)に仕うまつれる、おろそかなることもぞ (徒然草)

(10) 唐土(もろこし)にも、かかることの起こりにこそ、世も乱れ、悪(あ)しかりけれと、(源氏物語)

(11) 人の心すなほならねば、偽(いつは)りなきにしもあらず、(徒然草)

(12) さばかりなごかりつる海とも見えずかし (枕草子)

(13) 財あれば恐れ多く、貧しければ恨み切(せち)なり (方丈記)

(14) かくて翁やうやうゆたかになり行く (竹取物語)

(15) 高麗の紙の、はだ細かに なごう 懐かしきが、(源氏物語)

정리·복습

古典文法の形容詞·形容動詞の種類および活用形

고전문법 형용사·형용동사의 종류 및 활용형

		未然形	連用形	終止形	連体形	已然形	命令形
後に続く形(語幹)		～ず	～たり	～。	～とき	～ば (原因·理由)	～！
活用	高し						
活用	楽し						
活用	うつくし						
活用	良し						
活用	うれし						
活用	静かなり						
活用	堂々たり						
活用	異なり						
活用	平然たり						

3-5 조동사의 종류 및 활용 さまざまな助動詞

조동사는 용언이나 다른 조동사에 붙어 다양한 의미기능을 나타낸다. 조동사 또한 앞서 살펴본 용언(동사, 형용사, 형용동사)과 마찬가지로 활용한다. 고전문법에서 쓰이는 조동사는 총 28개이다.

る　らる　す　さす　しむ　む　むず　まし　ず　じ　まほし

き　けり　つ　ぬ　たり(完了완료)　けむ　たし

らむ　めり　べし　らし　まじ　なり(伝聞전문)

なり(断定단정)　ごとし

り

cf. なり(断定) たり(断定) ごとし

이 중 る와 らる, す와 さす는 접속하는 동사의 종류가 다를 뿐 의미기능은 동일하므로 (ら)る, (さ)す로 표기하기도 한다. 여기에 제시된 조동사 이외에도 'けらし', 'べらなり'와 같이 두 개의 조동사가 결합한 복합형태도 보인다.

・けらし(=조동사 けり + 조동사 らし)

예) ほのぼのと春こそ空に来にけらし天(あま)の香具山(かぐやま)霞(かすみ)たなびく (新古今和歌集)

・べらなり(=조동사 べ(し)+접미사ら+조동사 なり(단정))

예) 桂川(かつらがは)わが心にも通はねど同じ深さに流るべらなり (土佐日記)

고전문장에 쓰이는 28개 조동사는 활용스타일, 접속 및 의미별로 구분할 수 있다. 차례대로 살펴보기로 한다.

▶활용스타일에 따른 조동사 분류 活用スタイル(活用型)による助動詞の分類

해당 조동사가 어떻게 활용하느냐에 따른 분류이다. 활용스타일에는 동사처럼 활용하는 '동사형(動詞型)', '형용사형(形容詞型)', '형용동사형(形容動詞型)', '특수형(特殊型)', '불변화형(不変化型)'이 있다.

▷동사형

(1)4단동사형 : む, らむ, けむ

4단동사 書く처럼 활용하는 조동사이다. 표 안의 ○는 해당 형태가 없다는 것을 의미한다.

	未然形	連用形	終止形	連体形	已然形	命令形
む	○	○				○
らむ	○	○				○
けむ	○	○				○
書く						

(2)ナ변동사형 : ぬ

ナ변동사 死ぬ처럼 활용하는 조동사이다.

	未然形	連用形	終止形	連体形	已然形	命令形
ぬ						
死ぬ						

(3)ラ변동사형 : けり, たり(完了), り, めり, なり(伝聞)

ラ변동사 あり처럼 활용하는 조동사이다.

	未然形	連用形	終止形	連体形	已然形	命令形
けり		○				○
たり						
り						
めり	○					○
なり	○					○
あり						

(4)하2단동사형 : (ら)る, (さ)す, しむ, つ

하2단동사 受く처럼 활용하는 조동사이다.

	未然形	連用形	終止形	連体形	已然形	命令形
(ら)る						
(さ)す						
しむ						
つ						
受く						

(5)サ변동사형 : むず

サ변동사 す처럼 활용하는 조동사이다.

	未然形	連用形	終止形	連体形	已然形	命令形
むず	○	○				○
す						

▷형용사형

(1)ク활용형 : べし, たし, ごとし

ク활용을 하는 高し처럼 활용하는 조동사이다.

	未然形	連用形	終止形	連体形	已然形	命令形
べし						○
たし						○
ごとし	○				○	○
高し						

(2)シク활용형 : まじ, まほし

シク활용을 하는 楽し처럼 활용하는 조동사이다.

	未然形	連用形	終止形	連体形	已然形	命令形
まじ						○
まほし						○
楽し						

▷형용동사형

·ナリ활용형 : なり(断定)　　　**·タリ활용형 : たり(断定)**

단정의 의미를 나타내는 조동사 なり, たり는 형용동사의 활용어미 なり, たり와 동일하다. 조동사로서의 기본적으로 명사(상당어구)에 붙는다.

	未然形	連用形	終止形	連体形	已然形	命令形
なり						
静かなり						
たり						
堂々たり						

▷특수형 : き, まし, ず

	未然形	連用形	終止形	連体形	已然形	命令形
き	(せ)	○	き	し	しか	○
まし	(ませ) ましか	○	まし	まし	ましか	○
ず	ざら	(に) ず ざり	ず	ぬ ざる	ね ざれ	ざれ

특수형 중 조동사 ず는 다양한 활용형태를 가진다. ず는 '~지 않는다'의 부정의 뜻을 나타낸다. ず는 종지형과 연용형에만 쓰이고 그 외의 활용형에는 ナ행 및 ず와 존재동사 あり가 결합한 ザリ활용이 추가되어 있다. 이렇게 조동사 ず의 다양한 활용형은 현대문법에도 계속해서 쓰이고 있다.

예) それにもかかわらず、何も言わずに帰る。

古典文法を教えざるを得ない。

見て見ぬふりをする。知らんぷりをする。

▷불변화형(활용하지 않음) : らし, じ

	未然形	連用形	終止形	連体形	已然形	命令形
らし	○	○	らし	らし らしき	らし	○
じ	○	○	じ	じ	(じ)	○

▶접속 및 의미에 따른 조동사 분류 接続および意味による助動詞の分類

해당 조동사가 어떤 단어 및 활용형에 접속하는지 접속에 따른 분류를 제시하면서 각각의 조동사가 어떤 의미·용법을 나타내는지 살펴보고자 한다.

위에서 제시한 조동사 28개는 접속면에서 크게 A. 활용하는 단어에 붙는 것과 B. 활용하지 않는 단어에 붙는 것으로 나뉜다. A는 활용하는 단어의 이연형을 제외한 미연형, 연용형, 종지형, 연체형, 명령형에 붙는 조동사로 세분화된다. B는 체언·조사 등에 붙는다.

A. 활용어에 접속하는 조동사

a. 미연형에 붙는 조동사

る　らる　す　さす　しむ　む　むず　まし　まほし　ず　じ

b. 연용형에 붙는 조동사

き　けり　つ　ぬ　たり(完了완료)　けむ　たし

c. 종지형에 붙는 조동사(단, ラ변활용형의 경우는 연체형에 붙음)

べし　まじ　らむ　なり(伝聞전문)　らし　めり

d. 연체형에 붙는 조동사

なり(断定단정)　ごとし

e. 명령형에 붙는 조동사

り

B. 체언·조사 등에 접속하는 조동사

なり(断定)　たり(断定)　ごとし

이하, 접속에 따른 분류 순으로 각각의 조동사를 살펴보기에 앞서 조동사 28개의 의미·용법을 체계적으로 이해하기 위해 조동사 사이의 주목할만한 연관성 및 특징에 대해 알아보자.

▷한문훈독문과 와분의 어휘 漢文訓読文と和文のことば

한문훈독문과 와분(和文, 한자어 및 한문적 특징보다 일본고유어적 요소로 이뤄진 문장)에는 뜻은 같으나 형태가 다른 어휘가 많다. 조동사 중에는 '~하게 하다, 시키다'라는 뜻의 사역(使役)을 나타내는 형태로 한문훈독문에는 しむ, 와분에는 す·さす를 주로 사용한다.

이 외에 '(마치)~인 것 같다'라는 뜻의 조동사 ごとし는 한문훈독문에 주로 쓰이고 와분에는 やうなり가 쓰인다. 이와 관련하여 본서 끝부분의 【부록】에 한문훈독문과 와분 간에 대립하는 추가 어휘를 참조하기 바란다.

▷ム계열 '추량' 조동사 ム係(けい)の推量の助動詞

む・むず를 비롯해 らむ, けむ, まし는 공통적으로 む를 포함하고 있어 ム 관련 조동사로 묶을 수 있다. むず(=む+と+す)는 조동사 む에 조사 と와 サ변동사 す가 합쳐져 형성된 표현이다. まし는 어원적으로 む의 형용사적 형태라고 추정된다. 이러한 ム계열 조동사는 화자(話者)의 추량적 판단을 나타내는 모달리티(叙法性=modality)과 관련된 문법형식이다. む・むず는 앞으로(미래) 일어날 가능성이 있는 사태(事態)를 추량(추측・예상)하는 문법형식인데, らむ는 현재 사태, けむ는 과거 사태를 추량하는 문법형식이다. 즉 과거, 현재, 미래로 구분되는 시제(時制=tense=テンス)에 따라 けむ, らむ, む・むず가 각각 대응해서 기능하고 있다. 이 중에서 む・むず는 추량 이외에도 의지, 권유 등 다양한 의미로 사용된다.

또한, まし는 ム계열의 다른 조동사와 마찬가지로 미루어 짐작하는 추량적인 의미를 나타내지만, む・むず가 아직 일어나지 않은 불확실한 사태에 대해 추량하는데 반해 まし는 현실(사실)과 반대되는 사태로 현실에는 일어날 것 같지 않은 사태를 가상으로 추량(즉, (반사실反事実 가상추량仮想推量)하는 점에서 의미적 차이가 있다.

이 외에 추량의 조동사로 분류되지는 않으나 어원적으로 조동사 む와 관련된 것으로 まほし가 있다. まほし의 어원은 추량의 조동사 'む'의 미연형 'ま'(상대(上代, 나라시대)에 쓰임)에 접미사 'く'가 붙은 'まく'에 형용사 'ほし(欲し)'가 결합한 형태라는 주장이 있다. 'まくほし'라는 형태는 상대에 쓰였다가 중고(中古, 헤이안시대) 이후는 점차 'まほし'라는 형태로 쓰이게 된다. 이러한 어원설을 바탕으로 한 まほし의 의미는 아직 일어나지 않은 사태가 실현되기를 희망(希望)하는 표현이다.

▷アリ계열 '추정' 조동사 アリ系の推定の助動詞

확실하지는 않으나 어떠한 근거를 바탕으로 추측하는 추정(推定)을 나타내는 조동사에는 대표적으로 めり, なり(전문추정伝聞推定, 종지형에 접속)가 있다. 어원적으로 めり는 'み(見)+あり', なり는 'な(鳴るの 어간) 또는 ね(音)+あり'가 결합한 것으로 형태 안에 ラ변동사 あり를 포함하고 있으며 あり처럼 활용한다. 의미적인 면에서도 어원의 영향을 받아 めり는 시각정보에 근거한 추정판단(「見たところではこうだ」), なり는 청각정보에 근거한 추정판단(「聞いたところではこうだ」)을 나타낸다.

또한, 조동사 중에서 추정판단을 나타내는 것으로 らし가 있다. 형태상 기본형이 '～し'로 끝나고 있어 형용사처럼 활용하나 らし는 어원적으로 ラ변동사 あり의 형용사형 'あらし'에서 어두의 あ가 탈락해서 생긴 것으로 추정되어 ラ변동사 あり와 관련이 깊다. めり, なり(전문추정)와 비해 らし는 보다 확실한 근거를 바탕으로 추측하는 뉘앙스를 가진다.

이 밖에도 ラ변동사 あり와의 관련성이 없어 アリ계열은 아니나 추정의 뜻을 나타내는 조동사에는 べし도 있다. 어원적으로 べし는 부사 'うべ(宜)'를 형용사형 'うべし'에서 어두의 'う'가 탈락해서 생긴 것으로 추정되며 '당연히/마땅히 그렇다(いかにももっとも, 当然そうだ)'라는 뜻을 가진다. 이러한 어원의 영향으로 べし는 らし와 비슷하게 강한 확신으로 추측하는 표현이다. 이와 같이 アリ계열에 속하는 めり, なり, らし, 그리고 べし는 의미적으로 '추정' 판단을 나타내는 모달리티 형식이며 이들 모두 활용어의 종지형에 접속하는 공통점을 가지고 있다. 다만, べし는 추정의 뜻 이외에도 조동사 む처럼 의지, 가능, 당연 등의 다양한 의미를 나타낸다. 참고로 べし는 현대어의 'べきだ'로 이어진다.

▷'부정'의 뜻을 포함한 조동사 否定の意をもつ助動詞

조동사 ず는 현대어의 'ない'에 대응하는 표현으로 용언에 붙어 '～하지 않다'라는 부정의 의미를 나타낸다. 이와 같은 부정의 의미를 포함하는 다른 조동사로는 じ, まじ가 있다.

먼저 じ는 의미·용법적으로 む에 상반되는 표현이다. む의 대표적인 의미가 '(긍정)추량(～일 것이다)', '(긍정)의지·희망(～하자, 하겠다 등)'인데 반해 じ는 '부정추량(～가 아닐 것이다)', '부정의지·부정희망(～하지 않겠다, ～하고 싶지 않다)'을 나타낸다. 다만, む가 추량 및 의지·희망 이외에도 다양한 의미를 가지는 것에 비해 じ는 그렇지 않다. 참고로 じ는 어원적으로 부정 조동사 ず의 상대시기의 연용형 'に'를 형용사화한 형태인 'にし'에서 변화된 것으로 보인다.

다음으로 まじ는 의미·용법적으로 べし에 상반되는 표현이다. べし가 가지는 긍정표현의 '추정, 의지, 가능, 당연' 등의 다양한 의미에 대비되는 식으로 まじ는 '부정추정(틀림없이～가 아닐 것이다)', '부정의지(～하지 않겠다)', '불가능(～할 수 없다)', '부적당(～하지 않는 편이 낫다)' 등의 의미를 나타낸다. 이로써 じ와 まじ는 부정추량 및 부정의지를 공통적으로 나타내는데 べし와 상반되는 まじ가 じ보다 강한 확신을 바탕으로 하는 표현이다. 어원적으로 まじ는 상대에는 'ましじ'라는 형태로 사용되었으나 중고 이후 'まじ'라는 형태로 쓰이게 된다. 중세 이후 まじ의 연체형 'まじき'에서 イ음편된 'まじい'로 쓰이다가 현대어에는 'まい'(예: あるまい(=ないだろう의 뜻))로 남아 있다.

▷'희망' 조동사 希望の助動詞

まほし와 동일한 '희망'의 뜻을 가진 조동사로 たし가 있다. 미연형에 접속하는 まほし와는 달리 たし는 연용형에 접속하지만, 둘 다 '～고 싶다, ～고 싶어한다, ～기를 원한다'의 뜻을 나타낸다. 중고(헤이안시대)에는 まほし(上代의 'まくほし'를 계승한 형태)와 たし가 모두 사용되었으나 중세 이후 まほし는 쇠퇴하고 たし가 주로 사용된다. たし는 현대어의 '～たい'(예: 会いたい)로 이어진다. 이 밖에 다양한 의미를 가지고 있는 む에도 '희망'을 나타내는 용법이 있다.

▷시간표현과 관련된 조동사 時間表現と関連する助動詞

문장의 술어가 기준 시점(주로 발화시점)의 이전인지 이후인지, 즉 기준 시점과의 전후관계를 나타내는 문법적 카테고리를 テンス(tense, 시제, 時制)라고 한다. 주로 시제는 발화시점(현재)을 기준으로 이전은 과거, 이후는 미래(또는 비과거非過去)이다. 현대어에서는 문장의 술어가 'た'를 동반하는 '과거'와 'た'를 동반하지 않는 '비과거'로 나타난다.

고전문법에서는 '과거'를 나타내는 조동사에 き, けり가 있다. き와 けり는 둘 다 과거에 일어난 일을 나타내는 표현이지만, けり는 과거에 일어난 일을 현재에 와서 알게 된 경우나 전해들은 경우에 주로 쓰인다. 이렇게 けり는 과거에 있었던 일을 현재와 연관지어 인식하는 표현인데 반해 き는 과거에 일어난 일을 단순히 표현하는 늬앙스를 가진다. 이는 けり가 어원적으로 조동사 'き'에 존재동사 'あり가' 붙은 'きあり'에서 변화되어 생겨난 것에 기인한다고 볼 수 있다. 참고로 조동사 き의 어원은 カ변동사 '来'의 연용형 'き'로 추정된다.

다음으로 'する, した(한다, 했다)'와 같은 완료(完了), 또는 'している, していた(하고 있다, 하고 있었다)'와 같은 계속(継続)처럼 동사 술어가 나타내는 사태가 어느 시간적 부분(장면 또는 국면)에 있는지를 나타내는 문법적 카테고리를 アスペクト(Aspect, 상, 相)라고 한다. 이러한 상을 나타내는 고전문법의 조동사에는 つ, ぬ, たり(完了완료), り가 있다. つ와 ぬ는 접속하는 동사 종류에는 차이가 있으나 시간적 표현에 있어서는 둘 다 사태가 성립해서 완료된 상황을 나타낸다. 어원적으로 つ는 상대어 'うつ(棄つ)'의 어두 'う'가 탈락한 형태, ぬ는 ナ변동사 'いぬ(去ぬ)'의 어두 'い'가 탈락한 형태로 추정된다. たり(完了완료)와 り도 어떠한 사태가 완결된 것을 나타내는 의미에서 つ, ぬ와 마찬가지로 '완료'의 조동사로 불린다. 다만, たり와 り는 완료 외에도 '계속(継続)'의 의미도 나타낸다. 이는 たり와 り가 둘 다 어원적으로 존재동사 'あり'를 포함하고 있는 것에서 기인한다. たり는 접속조사 'て' 또는 조동사 'つ'의 연용형에 존재동사 'あり'가 붙은 'てあり'에서 변화된 형태이고, り는 4단동사와 サ단동사의 연용형활용어미(예: 書く의 '書き', す의 'し')의 イ단음(-i)에 존재동사

'あり'가 붙은 'い+あり(i+ari→ia+ri)'에서 'え+り(e+ri)'로 재분석되어 만들어진 형태이다. 이와 같이 たり와 り는 존재동사와 연관된 표현으로 사태가 완결, 완료된 것만 아니라 완결된 상태로 존속(存続)하는 의미도 나타낸다.

위에서 살펴본 시제와 상의 시간표현과 관련된 조동사는 명령형에 접속하는 り를 제외하고 모두 연용형에 접속한다. 중고(헤이안시대)까지는 き, けり, つ, ぬ, たり, り의 모든 형태가 쓰였으나 중세 이후 점차 다른 형태들은 쇠퇴하고, たり가 주로 쓰이게 된다. 또한, たり는 た로 형태가 바뀌어 현대어의 과거를 나타내는 'た'로 연결된다. 상(相)적 시간표현은 점차 'て+존재동사(ゐる, ある 등)'가 담당하게 된다.

▷수동·사역의 조동사 受動(=受身)·使役の助動詞

동일한 사태를 두고 시점·관점에 따라 다르게 표현하는 문법적 카테고리를 ヴォイス(Voice, 태, 態)라고 한다. 태에는 수동, 사역, 능동, 가능 이외에도 자동사와 타동사의 대립 등이 속한다. 고전문법에서 태와 관련된 대표적인 조동사는 수동 등을 나타내는 る·らる, 사역을 나타내는 す·さす·しむ이다. 이 중 る·らる, す·さす는 れる·られる, せる·させる와 같이 형태는 바뀌나 의미·용법은 예나 지금이나 변함이 없다.

A. 활용어에 접속하는 조동사

a. 미연형에 붙는 조동사

+る　らる　す　さす　しむ　む　むず　まし　ず　じ　まほし

	대표 의미
る·らる	수동(受身, ~하게 되다 등), 가능(可能, ~할 수 있다), 존경(尊敬, ~하시다), 자발(自発, 저절로 그렇게 되다)
す·さす　しむ	사역(使役, ~하게 하다, 시키다)
む　むず	추량(推量, ~일 것이다), 의지(意志, ~하자, 하겠다), 등
まし	가상추량(仮想推量, 만약 ~라고 한다면 …일 것이다) 등
まほし	희망(希望, ~하고 싶다, ~하면 좋겠다)
ず	부정(否定 = 打消, ~하지 않다)
じ	부정추량(否定推量 = 打消推量, ~하지 않을 것이다) 등

▶る·らる

고전문법의 る·らる는 현대어의 れる·られる에 상응하는 표현이다. 동사의 미연형에 붙어 수동, 가능, 존경, 자발의 4개 의미를 나타낸다. 먼저 익숙한 현대어의 예를 보자. れる는 5단동사, られる는 1단동사의 미연형에 붙는다.

①受身수동

・作る → ワインはぶどうから作られている。

②可能가능

・食べる → 店内で食べられますか。

③尊敬존경

・話す → いま総長が話されています。

④自発자발

・思い出す → 時々先生の言葉が思い出される。

현대어 れる・られる가 수동, 가능, 존경, 자발로 쓰이듯 고전어의 る・らる도 아래와 같이 4개의 의미용법으로 사용되고 있었다. 접속에 있어서는 앞에 쓰이는 동사의 미연형이 あ단음(4단동사, ナ변동사, ラ변동사)이면 'る', 동사의 미연형이 あ단음이 아니면 らる가 붙는다. 이는 현대어의 れる・られる에도 동일하게 적용된다.

▷고전어 る・らる의 4가지 의미용법 古典語「(ら)る」の4つの意味用法

※는 해석・풀이에 필요한 활용어의 기본형 및 기타 어휘 표현을 제시했다. 이를 바탕으로 사전을 찾아보면서 화살표(→) 뒤에 현대(일본)어로 번역해보기 바란다.

①受身 (~れる、~られる)

・玉(たま)を取(と)らむとて、そこらの人々の害(がい)せられむとしけり (竹取物語)

※玉・取る・害す(=殺す, 傷つける)・む・す・けり

→

・名利に使はれて、静かなる暇(いとま)なく、一生を苦しむこそ、愚かなれ。(徒然草)

※名利・静かなり・苦しむ・愚かなり

→

·物に襲はるる心地して、驚き給へれば、(源氏物語)

※襲はる·心地·驚く·給ふ

→

②可能 (~ことができる)

·家の造りやうは、夏をむねとすべし。冬はいかなる所にも住まる。(徒然草)

※造る·やう(=様)·むね(=宗)·す·べし·いかなる(=如何なる)·住む

→

·涙のこぼるるに、目も見えず、ものも言はれず。(伊勢物語)

※こぼる(=あふれ出る)·見ゆ·言ふ

→

③尊敬 (お+動詞のます形+になる、動詞のます形/名詞+なさる)

·験あらむ僧たち、祈り試みられよ。(徒然草)

※験(=効験)·あり·む·祈る·試む·試みる

→

·かの大納言、いづれの船にか乗らるべき。(大鏡)

※かの(=彼の)·いづれ(=何れ)·乗る·べし

→

·さらば疾う帰られよ。(平家物語)

※さらば(=然らば, それならば)·疾し·帰る

→

④自発（自然に～なる、自然と～される）

・今日は京(みやこ)のみぞ思ひやらるる。(土佐日記)

※思ふ・やる(＝遣る)

→

・見捨てたてまつる悲しくて、人知れずうち泣かれぬ。(更級日記)

※見捨つ・たてまつる(＝奉る)・悲し・うち(＝打ち)、泣く

→

▶す・さす・しむ

고전문법의 す・さす는 현대어의 せる・させる에 상응하는 표현이다. 동사의 미연형에 붙어 사역, 존경의 의미를 나타낸다. す・さす와 마찬가지로 しむ도 사역, 존경의 의미를 나타내는데 주로 한문훈독문에 쓰인다. 특징적인 것은 しむ는 형용사에도 접속해 사역의 의미를 나타내는 점에서 す・さす와 다르다.

①使役（～せる、～させる）

・妻(め)の嫗(おうな)にあづけて養(やしな)はす。(竹取物語)

※妻・嫗(＝老婆・老女)・あづく(＝預く)・養ふ

→

・今宵(こよひ)、かかることと声高(こわだか)にものも言はせず。(土佐日記)

※今宵・かかる(＝斯かる)・声高・言ふ

→

・僧都の御弟子、惟光を呼び出できす。(源氏物語)

※僧都・呼ぶ・出づ

→

・皆取り出だして食はしむれば、(今昔物語集)

※食ふ

→

・仏を観じて悪念を成す事無からしめむ (今昔物語集)

※観ず・成す・無し・しむ・む

→

②尊敬 (お＋動詞のます形＋になる、動詞のます形/名詞＋なさる)

・夜の御殿に入らせ給ひても、まどろませ給ふこと難し (源氏物語)

※ 御殿(＝大殿)・入る・給ふ・まどろむ(＝微睡む)・難し

→

・物怖ぢをなむわりなくせさせ給ふ御本性にて、(源氏物語)

※なむ・わりなし・す・給ふ

→

・明石の駅といふ所に御宿りせしめ給ひて、(大鏡)

※宿る・す・給ふ

→

연습문제1 적절한 접속형태를 고르고, 화살표(→) 뒤에 현대어 번역

1. 冬はいかなる所にも住ま {a.る／b.らる} 。　　※住む(四段)

→

2. いと腹悪しくとがめ {a.る／b.らる} 。　　※咎む(下二段)

→

3. 悲しくて、人知れずうち泣か {a.る／b.らる} 。　　※泣く(四段)

→

4. 妻の嫗に預けて養は {a.す／b.さす} 。　　※養ふ(四段)

→

5. これを、帝ごらんぜ {a.す／b.さす} 。　　※御覧ず(サ変)

→

6. 薬の壺に御文添へ、まゐら {a.す／b.さす} 。　　※参る(四段)

→

연습문제2 밑줄 친 조동사를 적절한 형태로 바꾸고 현대어 번역

1 . 今日は京のみぞ、ふと思ひ出で<u>らる→　　　　</u>。　　※思ひ出づ(下二段)

→

2 . ものは少し覚ゆれども、腰なむ動か<u>る→　　　　</u>ぬ。　　※動く(四段)

→

3 . 山々(やまやま)に人を遣(や)りつつ鷹(たか)求めさす→______ど、さらになし。　※求む(下二段)

→

4 . 夜の御殿(おとど)に入(い)らす→______給(たま)ひても、まどろます→______給ふこと難(かた)し

→

5 . 明石(あかし)の駅(むまや)といふ所に御宿(おほんやど)りせしむ→______給ひて、

→

연습문제3 밑줄 친 조동사 의미(수동, 가능, 존경, 자발, 사역)를 쓰고 현대어 번역

1. 「少納言(しょうなごん)よ。香炉峰(かろうほう)の雪いかならむ」と仰せらるれば、御格子(みかうし)上(あ)げさせて、

→

御簾(みす)を高く上げたれば、笑はせ給ふ。

→

2. 涙のこぼるるに、目も見えず、ものも言はれず。

→

3 . 人々(ひとびと)に歌詠(うたよ)ませたまふ。

→

4. かの大納言(だいなごん)、いづれの船にか乗(の)らるべき。

→

5. 幸ひに神の助けあらば、南海に吹かれおはしぬべし。

→

6. 今宵、かかることと声高にものも言はせず、

→

7. 親、同胞のうちにても、思はるる思はれぬがあるぞ、いとわびしきや。

→

8. 住み慣れし故郷、限りなく思ひ出でらる。

→

9. 月の都の人詣で来ば、捕らへさせむ。※捕らふ：ド二段

→

10. 「夜ふけぬ先に帰らせおはしませ」と申せば、

→

▶む・むず

고전문법의 む・むず는 현대어의 う・よう, ようとする에 상응하는 표현이다. 동사의 미연형에 붙어 추량(推量), 의지(意志), 권유(勧誘)・적당(適当), 완곡(婉曲)・가정(仮定) 등의 다양한 의미를 나타내는 모달리티(modality, 화자의 판단이나 발화태도를 나타내는 문법 카테고리) 형식이다. む・むず는 ん・んず로 표기되기도 한다.

①**推量(~だろう、~でしょう)**

・命(いのち)死(し)なば、いかがはせむ。生きてあらむかぎりかく歩(あり・ある)きて、(竹取物語)

※死ぬ・す・生(い)く(上二段)・歩く

→

・狐(きつね)などやうのものの人脅(おびや)かさむとて、気恐(けおそ)ろしう思はするならむ (源氏物語)

※脅かす・気恐ろし・思ふ・す・なり

→

・この月の十五日に、かのもとの国より迎へに人々詣(まう)で来むず。(竹取物語)

※十五(もち)日(=望)・参(まう)づ=詣(まう)づ=参(まゐ)る・迎ふ(下二段)・来

→

・二つの矢(や)、師(し)の前にて、一つを疎(おろそ)かにせんと思はんや。(徒然草)

※疎かなり・す・思ふ

→

②**意志(~う・よう)・希望(~たい)**

・文(ふみ)を書き置きてまからむ。(竹取物語)　※文(=手紙)・書き置く・まかる(=罷る)

→

・命(いのち)死(し)なば、いかがはせむ。生きてあらむかぎりかく歩(あり・ある)きて、(竹取物語)

※死ぬ・す・生(い)く(上二段)・かく(=斯く)・歩く

→

・二つの矢、師の前にて、一つを疎かにせんと思はんや。(徒然草)

※疎かなり・す・思ふ

→

・お送りして疾く去なむと思ふに、(伊勢物語)

※送る・疾く(＝急いで)・去ぬ＝往ぬ(ナ変)

→

・いづちもいづちも足の向きたらむ方へ往なむず (竹取物語)

※いづち(＝何方・何処)・向く・たり

→

・灯し火消ちなむずる。(伊勢物語) ※消つ(四段)・ぬ

→

③勧誘(～ませんか)・適当(～てはどうか、～のがいい)

・忍びては参り給ひなむや。(源氏物語) ※忍ぶ・参る・給ふ・ぬ

→

・法師は、人に疎くてありなむ。(徒然草)

※疎し(ク活用, 疎遠だ・親しくない)・あり・ぬ

→

·この御格子は参らでやあらむずる (落窪物語)

※参る·で(否定の'ず'の連用形'に'＋'て'からなる)·あり

→

④**婉曲(～のような)·仮定(～としたら)**

·心づきなき事あらん折は、なかなかその由をも言ひてむ。(徒然草)

※心づきなし·あり·言ふ·つ

→

·思はむ子を法師に成したらむこそ、心苦しけれ、(枕草子)

※思ふ·成す·たり·心苦し

→

·さる所へ罷らむずるも、いみじく侍らず。(竹取物語)

※さる(＝然る)·罷る·いみじ·侍り(ラ変)

→

연습문제 밑줄 친 조동사의 의미를 a～d에서 고르기

a. 의지	b. 추량	c. 권유·적당	d. 완곡·가정

1. 僧たち、宵のつれづれに、「いざ、掻い餅せむ」と言ひけるを、

2. 狐などやうのものの人脅かさむとて、気恐ろしう思はするならむ。

3. 命死なば、いかがはせむ。生きてあらむかぎりかく歩きて、

4. 二つの矢、師の前にて、一つを疎かにせんと思はんや。

5. などかくは急ぎ給ふ。花を見てこそ帰り給はめ。

6. 「少納言よ。香炉峰の雪いかならむ」と仰せらるれば、

7. 心づきなき事あらん折は、なかなかその由をも言ひてむ。

▶まし

고전문법의 まし의 대표적인 의미는 가상추량(仮想推量, 만약 ~라고 한다면 …일 것이다)이다. 이는 어원적으로 まし가 위에서 살펴본 む의 형용사 형태로 추정되는 만큼 む가 가진 '추량'의 의미를 바탕에 두고 있다. 다만, む의 추량용법과 비교해서 まし는 현실에서는 일어날 가능성이 희박한 사태를 두고 현실과 반대되는 상황을 가상해서 추량하거나 실현될 수 없는 일이 일어나기를 희망하는 등의 의미를 나타낸다.

①仮想推量(もし…だったら、~だろうに)

・竜を捕らへたらましかば、また、事もなく、我は害せられなまし。(竹取物語)

※捕らふ(下二段)・たり・事もなし・害す

→

・もし海辺にて詠まましかば、「波立ち…(後略)」とも詠みてまし。(土佐日記)

※もし・詠む・つ

→

・この風、今しばし止まざりしかば、潮上りて残る所なからまし。(源氏物語)

→

②不可能な希望(～たらいいのに)

・見る人もなき山里の桜花、ほかの散りなむ後ぞ、咲かまし。(古今和歌集)

※散る・咲く

→

③躊躇い・迷いを含む意志(～しようか(しら)、したらいいか(しら))

・これに何を書かまし。(枕草子)

→

・いかにせまし。(源氏物語)

→

중세 이후 まし는 위의 ①~③의 용법으로 쓰이는 예는 없어지고 조동사 む의 대표 의미인 추량 용법으로 쓰이게 된다.

④(単なる)推量(～だろう)

・行き暮れて木の下かげを宿とせば、花や今宵の主人ならまし。(平家物語)

※行き暮る(下二段)・す・なり

→

▶まほし

고전문법의 まほし는 '～하고 싶다, ～하면 좋겠다'와 같은 '희망'을 나타내는 표현이다. 희망을 나타내는 또 하나의 조동사인 'たし'는 중고 말기부터 쓰이기 시작해 중세 이후는 희망 용법으로 まほし보다 たし가 주로 쓰이게 된다. 현대어에는 まほし는 남아 있지 않고, たし는 '～たい'의 형태로 계속해서 쓰이고 있다.

▷希望(～たい、～たがっている、～てほしい)

・紫(むらさき)のゆかりを見て、続きの<u>見まほしく</u>覚(おぼ)ゆれど、(更級日記)

※ゆかり(縁、関係するところ)・覚ゆ(下二段)

→

・いかなる人なりけむ、<u>尋(たづ)ね聞かまほし</u>。(徒然草)

※いかなる(如何なる)・けむ・尋ぬ・聞く

→

・少しのことにも、先達(せんだつ)は<u>あらまほしき</u>ことなり。(徒然草)

→

▶ず

고전문법의 ず는 활용어의 미연형에 붙어 '～하지 않다' 라는 부정(否定＝打消(うちけし))의 뜻을 나타낸다. 현대어의 'ない'에 상응하는 표현이다. 특징적인 것은 ず는 다음과 같이 'ず' 이외에도 ナ행, ざり활용(＝ず＋あり)이 추가되어 다양한 활용형태를 가진다.

	未然形	連用形	終止形	連体形	已然形	命令形
ず	 ざら	(に) ず ざり	ず	ぬ ざる	ね ざれ	ざれ

▷否定(~ない)

・「妬き。言はざらましものを」と悔しがるうちに、(土佐日記)

※妬し・まし・悔しがる

→

・忘れがたく、口惜しきこと多かれど、え(書き)尽くさず。(土佐日記)

※忘る・難し・口惜し・多し・尽くす

→

위 문장의 'え(書き)尽くさず'의 'え'는 하2단동사 '得(얻다, 이해하다, ~을 가능하게 하다, 할 수 있다 등의 의미)'의 연용형이 부사로 변한 경우로 '~할 수 있다'라는 가능의 의미를 나타낸다. 다만, えは 'え(書き)尽くさず'와 같이 주로 부정표현 'ず' 또는 'じ' 등을 동반하여 사용되므로 문장 전체의 의미는 불가능의 뜻으로 쓰인다.

・魚は水に飽かず。魚にあらざれば、その心を知らず。(方丈記)　※飽く・あり・知る

→

연습문제 괄호 안에 쓰인 활용형으로 바꾸기

(1)何事をか宣(のたま)はむことは承(うけたまわ)らず→(未然形 : ____________)む。(竹取物語)

(2)この川、飛鳥川(あすかがわ)にあらず→(已然形 : ____________)ば、

淵瀬(ふちせ)さらに変はらず→(連用形 : ____________)けり。(土佐日記)

(3)幣(ぬさ)には御心(みこころ)の行かず→(已然形 : ____________)ば、御船(みふね)も

行かず→(連体形 : ____________)なり。(土佐日記)

(4)京(みやこ)には見えず→(連体形 : ____________)鳥なれば、みな人

見知らず→(終止形 : ____________)。(伊勢物語)

(5)道の人、これを聞きて思ひ諫(いさ)めて、

われを打たしめず(→命令形 : ____________)。(今昔物語集)

(6)金(こがね)は優(すぐ)れたれども、鉄(くろがね)の益(やく)多きに

及(し)かず(→連体形 : ____________)がごとし。(徒然草)

▶じ

고전문법의 じ는 어원적으로 조동사 'ず'를 포함하고 있어 '부정'의 뜻을 가진다. じ의 의미는 조동사 む가 나타내는 추량, 의지와 상반되는 것으로 부정추량(否定推量＝打消推量, ～하지 않을 것이다)과 부정의지(否定意志, ～하지 않겠다)를 나타낸다. 현대어로는 ないだろう, ないつもりだ, まい 등에 상응하는 표현이다.

①否定推量(～ないだろう、～まい)

・春来ぬと人はいへども鶯(うぐひす)の鳴かぬかぎりはあらじとぞ思ふ (古今和歌集)

※来・言ふ・鳴く

→

・御(ご)相伝(きうでん)浮(う)ける事には侍らじなれども、(徒然草)

※相伝(＝受け継ぐこと, 受け伝え)・浮く・侍り

→

②否定意志(～ないつもりだ、まい)

・さらば、ただ心に任(まか)せよ。われは詠(よ)めとも言はじ。(枕草子)　※任す・詠む・言ふ

→

・読みは読み候ひなん。されど、恐(おそ)れにて候(さうら)へば、え申し候はじ。(宇治拾遺物語)

※恐る(下二段)・候ふ(「あり」「仕ふ」の謙譲語)・申す

→

연습문제 조동사 じ의 의미를 a, b 중에서 고르고, 현대어 번역

a. 否定推量　b . 否定意志

(1)遅く来る奴(やつ)ばらを待たじ。(竹取物語)

→

(2)その男、身(み)を要(えう)なきものに思ひ成(な)して、京にはあらじ。東(あづま)の方(かた)に住むべき国求(もと)めにとて行きけり。(伊勢物語)

※なし・成す・あり・住む・求む(下二段)

→

(3)身幸(さいは)ひあらば、この雨は降らじ。(伊勢物語)

→

(4)限(かぎ)りあらむ道にも後(おく)れ先立たじと契(ちぎ)らせ給(たま)ひけるを、さりとも、うち捨てては、え行きやらじ。(源氏物語)

※後る(＝遅る)・先立つ・契る・給ふ・捨つ(下二段)・やる(＝遣る)

→

(5)法師ばかり羨(うら)ましからぬものはあらじ。(徒然草)

→

A. 활용어에 접속하는 조동사

b. 연용형에 붙는 조동사

+ き　　けり　　つ　　ぬ　　たり(完了완료)　　けむ　　たし

c. 명령형에 붙는 조동사

+ り

연용형에 붙는 조동사 중 き, けり, つ, ぬ, たり는 시간표현과 관련되는데, 명령형에 붙는 り도 たり와 의미·용법이 거의 동일하므로 함께 다루도록 한다.

	대표 의미
き・けり	과거(過去, ~했다)
つ・ぬ	완료(完了, ~했다, ~해 있다) 등
たり・り	완료(~했다, ~해 있다)·계속(継続, ~하고 있다) 등
けむ	과거추량(過去推量, ~했을 것이다) 등
たし	희망(希望, ~고 싶다, ~고 싶어한다, ~기를 원한다)

▶き・けり

고전문법의 き, けり는 과거 시제를 나타내는 표현으로 현대어의 '~た'에 상응하는 표현이다. 엄밀하게 き는 과거에 직접 경험한 사태, けり는 전해 들은 과거의 사태를 회상하는 뉘앙스 차이가 있지만, き, けり 둘 다 발화시점 이전에 일어난 과거의 일을 나타낸다. 접속에 있어서는 き, けり 모두 연용형에 붙으나 き의 경우 カ변동사 '来', サ변동사 'す'에 접속할 때 이들의 연용형 이외에도 미연형(각각 'こ', 'せ')에도 붙어서 쓰이는 경우가 있다.

▷き(過去回想、~た)

・ほとりに松もありき。(土佐日記)

→

・罪に怖(お)ぢて都を去(さ)りし人を、三年をだに過(す)ぐさず許(ゆる)されむことは、(源氏物語)

※怖づ・去る・過ぐす(=過ごす)・許す

→

・この男(をのこ)の家ゆかしくて、率(ゐ)て行けと言ひしかば、率て来(き)たり (更級日記)

※ゆかし(シク活用)・率る(上一段)・言ふ・来・たり

→

연습문제 괄호 안에 쓰인 활용형으로 바꾸기

(1)竜(たつ)の頸(くび)の玉をえ取らざりき→(已然形 : ________) ばなむ、

殿(との)へもえ参らざりき→(連体形 : ________)。(竹取物語)

(2)ありき→(連体形 : ________) より異(け)に恋しくのみ覚えければ、(伊勢物語)

(3)もの病みになりて死ぬべき時に

「かくこそ思ひき→(已然形 :　　　　　　　　)」と言ひけるを、(伊勢物語)

(4)おもかげは身をも離れず、山桜心の限り、

止めて来き→(已然形 :　　　　　　　　) ど、(源氏物語)

▷けり(過去回想、~た(そうだ)、だったのだなあ)

・昔、男ありけり。(伊勢物語)

→ 現代文 : 昔、ある男がいた(そうだ/のである)。

・紀の国の千里の浜にありける、いとおもしろき石奉れりき。(伊勢物語)

※あり・けり・おもしろし・奉る・り

→

・この枝、かの枝、散りにけり。(徒然草)

※かの(=彼の)・散る・ぬ・けり

→

けり는 과거에 일어난 일에 대해 전해 듣고 현재 시점에 비로소 알아차리거나 깨닫게 되는 늬앙스를 가진다. 현대어로 해석할 때 과거표현(또는 전해들은 과거사태)에 '～だったのだなあ(～이었구나, 했었구나)'와 같은 표현이 더해지기도 한다. 이러한 늬앙스를 가진 예(아래 2개 예문)를 과거회상의 예(위 3개 예문)와 구분하여 '詠嘆(영탄, 깊이 감동·감탄함)' 용법으로 따로 구분하기도 한다. 영탄 용법은 와카(和歌) 또는 대화문에 많이 쓰였는데 주로 해당 문장 끝에 けり가 붙는(付く) 경우가 많아 'けりが付く'라는 형태로 '어떤 일의 결론, 결말, 결판 등을 짓다'라는 뜻의 관용구가 되어 현재까지 쓰이고 있다.

·波とのみ一つに聞けど、色見れば雪と花とに紛ひけるかな。(土佐日記)

※聞く·見る·紛ふ·けり

→

·さらば、その子なりけりと、思し合せつ。(源氏物語)

※思す(「思ふ」の尊敬語、お思いになる)·合す(下二段)·つ

→

▶つ·ぬ

つ와 ぬ는 기본적으로 어떤 사태가 성립해서 완료(完了)된 상황을 나타낸다. 이러한 완료 상황에 더해 해당 사태가 확실히 성립했음을 강조하는 의미가 파생되어 '強意(강의 또는 강조)' 또는 '確述(확술, 확실히 진술)'이라는 용법으로도 쓰인다. 이 외에 つ, ぬ가 반복 사용되어 2개의 동작이 동시에 병행되는 '並立(병립)'용법도 있다.

이와 같이 つ와 ぬ는 공통적으로 완료, 강의·확술, 병립의 용법을 가진다. 이 때 구문적 경향을 살펴보면 つ는 '逃がす, 暮らす'와 같이 의지(意志)적이고 인위(人為)적인 움직임을 나타내는 (타)동사에 붙는 경우가 많은 반면, ぬ는 '暮る, 吹く'와 같이 무의지적인 움직임 및 자연적인 현상을 나타내는 (자)동사에 붙는 경우가 많다.

①完了(～た、～てしまう、～てしまった)

▷つ

·雀の子を犬君が逃がしつる。(源氏物語)

→

·立ち遅れる人々を待つとて、そこに日を暮らしつ。(更級日記)

※立つ·遅る(下二段)·待つ·暮らす

→

▷ぬ

・秋来ぬと目にはさやかに見えねども、風の音ぞ驚かれぬる。(古今和歌集)

※さやかなり(＝清かなり)・見ゆ(下二段)・驚く

→

・はや舟に乗れ。日も暮れぬ。(伊勢物語)

→

참고로 부정의 조동사 ず는 연체형으로 쓰일 때 'ざる' 외에도 완료의 조동사 ぬ와 동일한 형태인 'ぬ'로 쓰이는 경우('京には見えぬ鳥なれば')가 있어 유의할 필요가 있다. 예를 들어 아래 두 문장은 동사 술어 '暮る(저물다)'에 ぬ라는 형태가 동일하게 붙어 있는데 완료의 ぬ인지 부정의 ぬ(ず의 연체형)인지를 파악하지 못하면 전혀 다른 해석이 되어 버린다.

(ⅰ) 日も、暮れぬ。
(ⅱ) 日もぞ、暮れぬ。

(ⅰ)은 '日も暮れた'의 뜻으로 완료의 ぬ가 종지형으로 쓰인 경우이다. 이에 반해 (ⅱ)는 '日も暮れない'의 뜻으로 부정의 조동사 ず의 연체형인 ぬ가 쓰인 경우이다. (ⅱ)에서 暮れぬ는 문장 끝에 쓰여 종지하고 있으므로 종지형인 ず가 와야 하지만, 앞의 계조사 ぞ로 인해 문장 끝을 연체형으로 호응시키기 위해 ぬ(ず의 연체형)가 쓰인 것이다. 이처럼 동일한 형태의 ぬ는 상반된 의미로 사용되므로 주의가 필요하다.

②強意·確述(確かに行われることを強調して述べる、確かに/きっと/間違いなく~た)

▷つ

·御船返してむ。(土佐日記)

→

·「門よく差してよ。雨もぞ降る」(徒然草)

→

▷ぬ

·潮満ちぬ。風も吹きぬべし。(土佐日記)

※満つ·吹く

→

·世の例にもなりぬべき御もてなしなり (源氏物語)

→

강의(강조)·확술용법의 경우 구문적으로 つ·ぬ에 추량의 뜻을 나타내는(포함하는) 조동사인 む, べし, らむ, まし 등을 동반해서 쓰이는 경우가 많다.

③並立(~たり、~たり(して))

·僧都、乗っては降りつ、降りては乗りつ、あらまし事をぞし給ひける。(平家物語)

※乗る·降る(上二段)·す·給ふ

→

·(扇は)白波の上に漂ひ、浮きぬ沈みぬ揺られければ、(平家物語)

※漂ふ·浮く·沈む·揺る

→

연습문제 밑줄 부분이 '완료'인지 '강조(강의)'인지 쓰고 현대어 번역

(1)なよ竹のかぐや姫とつけつ。(竹取物語)

→

(2)われ、物握りたり。いまは下ろしてよ。(竹取物語)

→

(3)とまれかうまれ、とく破りてむ。(土佐日記)

→

(4)梅が香を袖に移して留めてば春は過ぐとも…(古今和歌集)

→

(5)女いと忍びて、物越しに逢ひにけり。(伊勢物語)

→

(6)少し秋風吹きたちなむ時、必ず逢はむ。(伊勢物語)

→

(7)思ひのほかに、御髪下ろし給うてけり。(伊勢物語)

→

(8)日も暮れ方になりぬめり。(更級日記)

→

▶たり・り

고전문법의 たり, り는 위에서 살펴본 つ·ぬ와 마찬가지로 기본적으로 '완료'의 뜻을 가진다. 엄밀하게는 たり와 り는 어원적으로 あり를 포함하고 있어 완료의 의미에 더해 완결된 사태가 존속(存続)·계속(継続)한다는 의미로도 사용된다. 이 외에 たり에는 つ·ぬ에도 있었던 병립(並立)용법도 보인다. 참고로 つ·ぬ·たり의 병립용법은 중세 이후 나타나기 시작한다.

①完了(～た、～てしまった)

▷たり

・その山(＝富士山)は、ここ(京の都)にたとへば、比叡(ひえい)の山を二十(はたち)ばかり重ねあげたらんほどして、(伊勢物語)

※たとふ(＝喩ふ)・重ぬ(下二段)・あぐ(＝上ぐ・挙ぐ)・む(＝ん)

→

・まさしく見たりと言ふ人もなく、そらごとと言ふ人なし。(徒然草)

※まさし・見る・言ふ・なし

→

▷り

・いと思ひの外(ほか)なる人のいへれば、人々怪(あや)しがる。(土佐日記)

→

・人をやりて見するに、おほかた逢へる者なし。(徒然草)

→

②存続・継続(～ている、～てある)

▷たり

・人みな寝たれば、海のありやうも見えず。(土佐日記)

※寝(下二段)・見ゆ(下二段)

→

・その沢に燕子花いとおもしろく咲きたり。(伊勢物語)

→

・男児の、声は幼げにて文読みたる、いとうつくし (枕草子)

※幼げなり(「げ」は接尾語、=いかにも幼そうだ)・いと・うつくし

→

▷り

・二日、なほ大湊に泊まれり。(土佐日記)

→

·富士の山を見れば、五月(さつき)の晦(つごもり)に雪いと白う降れり。(伊勢物語)

→

·顔はいと赤くなして立てり。(源氏物語)

→

③並立(~たり、~たり(して))

▷たり

·重き鎧(よろい)の上に、重き物を負(お)うたり、抱(いだ)いたりして、(平家物語)

→

연습문제 괄호 안에 쓰인 활용형으로 바꾸기

(1)奉(たてまつ)り集(あつ)めたり→(連体形：　　　　　　) 物、千捧(ちささげ)ばかりあり。(伊勢物語)

(2)才ある人はその事など定(さだ)めあへり→(連体形　　　　　　)に、(徒然草)

(3)その松の数…、いく千歳(ちとせ)経(へ)たり→(終止形：　　　　　　)と知らず。(土佐日記)

▶けむ

고전문법의 조동사 けむ는 어원적으로 과거를 나타내는 'き'와 추량을 나타내는 'む'와의 연관성으로 인해 과거 사태에 대해 추량하는 의미·용법을 기본적으로 나타낸다. 또한 과거 추량에서 파생되어 과거의 사태가 발생한 원인·이유를 추량하는 용법도 보인다. 추량의 뜻을 나타내는 용법 이외에 조동사 む와 마찬가지로 체언 및 조사 앞에 쓰여 전문(伝聞) 또는 완곡(婉曲)의 뜻으로 해석되는 경우가 있다.

①過去推量(~ただろう)

・人数(ひとかず)には思(おぼ)し入(い)れざりけめども、(源氏物語)

※思し入る(「思ひ入る」の尊敬語)

→

・浮舟の女房(にょうぼう)のかかる所にやありけむ、などまづ思ひ出でらる。(更級日記)

→

・向(む)かひゐたれけんありさま、さこそ異様(ことやう)なりけめ。(徒然草)

※向かふ・ゐる(=居る)・さこそ(=然こそ、さぞかし)・異様なり

→

①' 過去の原因・理由の推量(~たのだろう)

・見渡せば山もと霞(かす)む水無瀬(みなせ)川夕べは秋となに思ひけむ (新古今和歌集)

※見渡す・霞む・思ふ

→

・唐土(もろこし)の人は、これをいみじと思へばこそ、記し留めて世にも伝えけめ。(徒然草)

→

②過去の伝聞(〜たとかいう)・婉曲(〜たような)＋体言・助詞など

・…中納言の「関吹きこゆる」と言ひけむ浦波(うらなみ)、夜々はいと近く聞こえて、(源氏物語)

※こゆ(＝越ゆ・超ゆ)・聞こゆ(下二段)

→

・昔、こはたと言ひけむが孫といふ (更級日記)

→

・向(む)かひゐたれけんありさま、さこそ異様(ことやう)なりけめ。(徒然草)

※向かふ・ゐる(＝居る)・さこそ(＝然こそ、さぞかし)・異様なり

→

연습문제 밑줄 부분의 의미를 a~c 중 고르고 현대어 번역

a. 과거추량　　b. 과거원인추량　　c. 과거전문・완곡

(1)京や住み憂(う)かりけむ、東(あづま)の方に行きて、(伊勢物語)

→

(2)あな、うらやまし。などか習はざりけん。(徒然草)

→

(3)いかばかり心のうち涼しかりけん。(徒然草)

→

▶たし

고전문법의 조동사 たし는 まほし처럼 '~고 싶다, ~고 싶어하다, ~기를 원한다'와 같은 '희망'의 뜻을 나타낸다. 현대어의 'たい(예: 食べたい)'로 이어진다.

▷希望(~たい、~てほしい)

・誰もみなあのやうでこそありたけれ。(平家物語)

→

・御覧ぜられたきことありて、御本を御覧ずれども、(徒然草)

※御覧ず(サ変動詞)・あり

→

・やがて一人うち食ひて、帰りたければ、一人つい立ちて行きけり。(徒然草)

→

연습문제 조동사 たし를 문맥에 맞는 활용형으로 바꾸고 현대어 번역

(1)敵(かたき)に逢(あ)うてこそ死にたし→＿＿＿＿＿。(平家物語)

→

(2)悪所(あくしょ)に落ちては死にたし→＿＿＿＿＿ず。(平家物語)

→

(3)八島(やしま)へかへりたし→＿＿＿＿＿ば、一門(いちもん)の中へ言ひ送って、…(平家物語)

→

(4)家に有(あ)りたし→＿＿＿＿＿木は、松、桜 (徒然草)

→

A. 활용어에 접속하는 조동사

c. 종지형에 붙는 조동사(단, ラ변동사활용형의 경우는 연체형에 붙음)

+ べし　　まじ　　らむ　　なり(伝聞전문)　　めり　　らし

위에 제시한 조동사는 활용어의 종지형에 접속하지만, ラ변동사(あり·をり·はべり·います(そ)がり)를 비롯해 ラ변동사처럼 활용하는 'ラ변동사활용형'의 경우는 아래와 같이 연체형에 접속한다.

·同じことなり+べし → 同じことなるべし

·ざり　+めり → ざるめり

	대표 의미
べし	추정(推定·確信をもった強い推量, 틀림없이~일 것이다), 의지(~하겠다, ~할 생각이다), 가능(~할 수 있다) 등
まじ	부정추량(否定推量, ~지 않을 것이다), 부정의지(否定意志, ~하지 않겠다) 등
らむ	현재추량(~하고 있을 것이다) 등
なり	전문(伝聞, ~라고 한다), 추정(推定, ~것 같다)
めり	추정(推定, ~것 같다, ~로 보인다) 등
らし	추정(推定, 確かな根拠に基づく推量, 확실히 ~것 같다)

▶べし

고전문법의 조동사 べし는 む만큼 다양한 의미·용법을 가진다. べし는 む가 나타내는 추량보다 더욱 강한 확신을 가지고 추정하는 뜻을 나타낸다. 이 외에도 의지, 가능, 당연·의무, 적당, 명령용법과 같이 다양하게 사용되는 べし는 현대어의 'べきだ'로 이어져 계속 사용되고 있다.

①推定·確信をもった強い推量(きっと~だろう、~に違いない)

·女児(をんなご)のためには、親幼(をさな)くなりぬべし。(土佐日記)

※幼し·なる(成る、四段動詞)·ぬ

→

・こと人々の(歌)もありけれど、賢しきもなかるべし。(土佐日記)

※あり・賢し・なし

→

・人は容貌、有様の優れたらむこそ、あらまほしかるべけれ。(徒然草)

※優る・たり・む・あり・まほし・かり

→

②意志(～う・よう、～つもりだ)

・(かぐや姫は)「宮仕へに出だし立てば死ぬべし」と申す (竹取物語)

→

・毎度ただ得失なく、この一矢に定むべしと思へ。(徒然草)

※なし・定む(下二段)・思ふ

→

③可能(～ことができる)

・その山見るに、さらに登るべきやうなし。(竹取物語)

→

・羽(はね)なければ空をも飛(と)ぶべからず、(方丈記)

→

④当然・義務(～のが当然だ、～はずだ、～なければならない)

・子となり給ふべき人な(る)めり。(竹取物語)

→

・月(つき)の影(かげ)は同(おな)じことなるべければ、人の心も同じことにやあらん。(土佐日記)

→

・人の歌の返し、疾(と)くすべきを、え読み得(え)ぬほども、(枕草子)

※疾し・え・得(う)(下二段)

→

⑤適当(～のがいい)

・家の造りやうは、夏をむねとすべし。(徒然草)

→

・今日ばかりは、わざとかくてあるべきなり。(徒然草)

→

・自らもいと心得ぬことなれば、定かにいかに申すべしとも覚えはべらねど、(方丈記)

※心得(下二段、=理解する・引き受ける)・定かなり・申す・覚ゆ・はべり

→

⑥**命令(~せよ)**

・頼朝が首をはねて、わが墓の前に懸くべし。(平家物語)

※はぬ(下二段、=首を刀で切り落とす)・懸く(四段動詞)

→

・西に向かはせ給ひて、御念仏さぶらふべし (平家物語)

※向かふ・給ふ・さぶらふ(=侍ふ・候ふ)

→

연습문제 밑줄 부분의 의미를 a~f 중에서 고르고 현대어 번역

a. 推定	b. 意志	c. 可能	d. 当然	e. 適当	f. 命令

(1)恐れのなかに恐るべかりけるは、ただ地震なりけり (方丈記)

→

(2)然やは気憎く、仰せ言を映え無うもてなすべき、(枕草子)

→

(3)義仲、六条河原でいかにもなるべかりつれども、(平家物語)

→

(4)昔、男、煩ひて、心地死ぬべく覚えければ、(伊勢物語)

→

(5)手を取り組み、肩を並べて渡すべし。(平家物語)

→

(6)必ず来べき人のもとに車をやりて待つに、(枕草子)

→

▶まじ

고전문법의 조동사 まじ는 べし의 부정표현이라고 불릴 만큼 べし가 가진 의미·용법과 상반되는 뜻을 나타낸다. 구체적으로 まじ는 べし와 마찬가지로 강한 확신을 바탕으로 부정추정, 부정의지, 불가능, 당연하지 않음·의무, 부적당·금지용법으로 쓰인다. 현대어에는 'まい'라는 형태로 남아 있다.

①否定推定(～ないだろう、～ないに違いない)

·人のたはやすく通ふまじからむところに、(堤中納言物語)

※たは易し(=た易し、「た」は接頭語)·む

→

・冬枯れの景色こそ、秋にはをさをさ劣るまじけれ。(徒然草)

※をさをさ(「否定」と呼応)・劣る

→

②否定意志(～ないようにしよう、～ないつもりだ)

・「ただ今は見るまじ」とて入りぬ。(枕草子)

→

・ゆめゆめ疎略を存ずまじう候ふ。(平家物語)

※ゆめゆめ(副詞、否定表現と呼応)・存ず・候ふ

→

③不可能(～ことができない、～できそうにない)

・鍛冶匠六人を召し取りて、たはやすく人寄り来まじき家を作りて、(竹取物語)

→

・今宵はえ参るまじ。(枕草子)

→

④否定当然(~ないはずだ)

·怪しく世の人に似ず、あえかに見え給ひしも、かく長かるまじくてなりけり。

(源氏物語)

→

·仏の御しるべは、暗きに入りても、さらに違ふまじか(る)なるものを、(源氏物語)

→

⑤不適当(~ないほうがいい)·禁止(~てはならない、~するな)

·人は慮りなく、言ふまじきことを口疾く言ひ出だし、(源氏物語)

→

·このことはさらに御心より漏らせたまふまじ。(源氏物語)

→

연습문제 밑줄 부분의 의미를 a~e 중에서 고르고 현대어 번역

a. 否定推定	b. 否定意志	c. 不可能	d. 否定当然	e. 不適当·禁止

(1)妻といふものこそ男の持つまじきものなれ (徒然草)

→

(2)みづからの御心ながらだに、え定めたまふまじか(る)なるを、(源氏物語)

→

(3)かの国人(くにびと)、聞き知るまじく思(おも)ほえたれども、(土佐日記)

→

(4)われこの児に目をなむ見合はすまじき。(今昔物語集)

→

▶らむ

고전문법의 조동사 らむ는 けむ와 마찬가지로 형태상 조동사 'む'를 포함하고 있다. 이러한 이유로 む가 가진 '추량'의 뜻을 가지는데 시제 측면에서 む가 미래 사태에 대한 추량, けむ가 과거 사태에 대한 추량인데 반해 らむ는 현재 사태에 대한 추량을 기본적으로 나타낸다. 또한 현재추량에서 파생되어 현재의 사태가 발생한 원인·이유를 추량하는 용법도 보인다. 이와 같은 추량의 뜻을 나타내는 용법 이외에 조동사 む와 마찬가지로 체언 및 조사 앞에 쓰여 전문(伝聞) 또는 완곡(婉曲)의 뜻으로 해석되는 경우가 있다.

①現在推量([今ごろ]~ているだろう、~だろう)

・風吹けば沖つ白波(しらなみ)たつた山夜半(よは)にや君が一人越(こ)ゆらむ (伊勢物語)

※吹く・たつた山(竜田山)・夜半(夜中)・越ゆ

→

・駒並めていざ見に行かむ。ふるさとは雪とのみこそ花は散るらめ。(古今和歌集)

→

①' 現在の原因・理由の推量 ([どうして]~のだろう)

・…光のどけき春の日に静心なく花の散るらむ (古今和歌集)

※のどけし(長閑けし)・散る

→

・命をかけて、何の契りに、かかる目を見るらむ。(源氏物語)

→

②現在の伝聞(~とかいう)・婉曲(~ているような)+体言・助詞

・蓬莱といふらむ山にあふやと、海に漕ぎ漂ひ歩きて、(竹取物語)

※漕ぐ・漂ふ・歩く

→

・鸚鵡いとあはれなり。人の言ふらむことをまねぶらむよ。(枕草子)

※まねぶ(=学ぶ)

→

연습문제 밑줄 부분의 의미를 a~c 중 고르고 현대어 번역

a. 현재추량 b. 현재원인추량 c. 현재전문·완곡

(1)などや苦しき目を見るらむ (更級日記)

→

(2)おぼすらむ事、何事ぞ。(竹取物語)

→

(3)いと怪(あや)しきさまを人や見つらむ (源氏物語)

→

▶なり

고전문법의 조동사 なり는 종지형에 접속하여 전문(伝聞, 전해들은 것)과 청각정보를 근거로 추측하는 추정(推定)용법을 나타낸다. なり가 기본적으로 청각정보를 바탕으로 한 추정용법을 나타내는 것은 어원적으로 なり가 동사 鳴る의 어간(な) 또는 소리를 뜻하는 音(ね)에 존재동사 'あり'가 붙어 형성된 것과 관련이 있다. 또한, 여기서 다루는 なり와 형태는 똑같으나 활용형의 연체형에 붙으며 단정(断定, 'である·だ')의 뜻을 나타내는 なり가 있다. 둘을 구분하기 위해 흔히 전자는 전문의 なり, 후자는 단정의 なり로 불린다.

①伝聞(~という、~だそうだ)

·男もすなる日記といふものを女もしてみむとて、するなり。(土佐日記)

→

・「殿まゐらせ給ふなり」とて、散りたるものとりやりなどするに、(枕草子)

→

②推定(~らしい、~ようだ)

・秋の野に人まつ虫の声すなり我かと行きていざとぶらはむ (古今和歌集)

※とぶらふ(=訪ふ)・む

→

・笛をいとをかしく吹き澄まして、過ぎぬなり (更級日記)

→

▶めり

고전문법의 조동사 めり는 종지형에 접속하여 시각정보를 근거로 추측하는 추정(推定) 및 단정짓지 않는 표현인 완곡(婉曲)용법으로 쓰인다. めり가 기본적으로 시각정보를 바탕으로 한 추정용법을 나타내는 것은 어원적으로 めり가 동사 見る의 '見'에 존재동사 'あり'가 붙어 형성된 것과 관련이 있다.

①推定(~ようだ、~に見える)

・子となり給ふべき人な(る)めり。(竹取物語)

→

·少し覚えたる所あれば、子なめりと見給ふ。(源氏物語)

→

·あはれに言ひ語らひて泣くめれど、涙落つとも見えず。(大鏡)

→

②婉曲(～ようだ、～という)+体言·助詞

·「もののあはれは秋こそまされ」と人ごとに言ふめれど、(徒然草)

→

·このごろ上手にすめる千枝(ちえだ)·常則(つねのり)などを召して、作り絵使ふ奉(まつ)らせばや (源氏物語)

→

연습문제 밑줄 부분의 의미를 a～c 중 고르고 현대어 번역

a. 추정　b. 전문　c. 완곡

(1)妻戸(つまど)を、やはら、かい放(はな)つ音すなり (堤中納言物語)

→

(2)簾(すだれ)少し上げて、花奉るめり (源氏物語)

→

(3)いかなりとも必ず逢(あ)ふ瀬(せ)あなれば、対面はありなむ。(源氏物語)

→

(4)この侍ぞ、よく聞かむとあど打つめり。(大鏡)

→

▶らし

고전문법의 조동사 らし는 확실한 근거에 기반해서 추측하는 용법으로 쓰인다. 현재 사태에 대한 추량을 나타내는 らむ가 불확실하고 주관적인 추량적 의미를 나타내는데 비해 らし는 확신을 가지고 추측·추정하는 의미를 가진다. らし는 상대(나라시대)에 활발히 쓰이고, 중고(헤이안시대)에는 비슷한 표현인 らむ, めり 등과 함께 쓰이다가 중세 이후 점차 쇠퇴하게 된다. 현대어에서 '学生らしい, 古典文法はおもしろいらしい'와 같이 쓰이는 'らしい'와는 형태는 같으나 직접적인 연관이 없는 것으로 보인다.

▷推定・確かな根拠に基づく推量(～らしい、～に違いない)

・春過ぎて夏来たるらし、白妙の衣干したり天の香具山 (万葉集28)

※過ぐ・来・干す

→

・百年に一年足らぬ江浦草髪、我を恋ふらし面影に見ゆ (伊勢物語)

※足る・つくもがみ(＝九十九髪)・見ゆ

→

A. 활용어에 접속하는 조동사

d. 연체형에 붙는 조동사

+ なり(断定단정)　　ごとし

B. 체언·조사 등에 접속하는 조동사

+ なり(断定)　　たり(断定)　　ごとし

위에 제시한 조동사는 활용어의 연체형 또는 체언·조사 등에 접속한다. なり와 たり는 각각 형용동사의 ナリ활용과 タリ활용과 동일하게 활용하며 '~이다'와 같이 그러한 사실임을 분명하게 판단내리는 '단정(断定)'의 뜻을 나타낸다. 한편, ごとし는 한문훈독문에 주로 쓰이며 '(마치)~인 것 같다'라는 '비교예시(比較例示)'의 뜻을 가진다.

	대표 의미
なり	단정(断定, ~이다, ~である·~だ)
たり	단정(断定, ~이다, ~である·~だ)
ごとし	비교예시(比較例示, ~인 것 같다, ~のようだ) 등

▶なり

단정의 뜻을 기본적으로 나타내는 조동사 なり는 어원적으로 なり의 연용형 'に'에 존재동사 'あり'가 붙은 'にあり'에서 형성된 것이다. 이렇게 형성된 なり는 단정의 뜻 이외에도 장소를 나타내는 명사 뒤에 붙어 '～にある(～에 있다)'라는 '존재(存在)'의 뜻을 나타내기도 한다. 이는 なり의 이전 형태인 'に＋あり'와 관련되어 있다.

①断定(～である、～だ)

・おのが身はこの国の人にもあらず。月の都の人なり (竹取物語)

→

・この池といふは所の名なり。よき人の男につきて下りて、住みけるなり (土佐日記)

→

・富士の山はこの国なり (更級日記)

→

②存在(～にある)

・壺(つぼ)なる御薬奉(たてまつ)れ (竹取物語)

→

▶たり

조동사 たり는 단정의 뜻을 기본적으로 나타낸다. 어원적으로는 たり의 연용형 'と'에 존재동사 'あり'가 붙은 'とあり'에서 형성되었다. なり와 달리 たり는 한문훈독문의 영향을 받은 문장에 주로 쓰인다. 또한, 여기서 다루는 たり와 형태는 똑같으나 활용형의 연용형에 붙으며 완료(完了)적 시간표현을 나타내는 たり가 있다. 둘을 구분하기 위해 흔히 전자는 단정의 たり, 후자는 완료의 たり로 불린다.

▷断定(~である、~だ)

・五日のあかつきに、兄人(せうと)たる人、ほかより来て (蜻蛉日記)

→

・清盛(きよもり)、嫡男(ちやくなん)たるによって、その跡をつぐ (平家物語)

→

▶ごとし

고전문법 조동사 ごとし는 어원적으로 부사 'こと(如)'가 탁음화('ごと')된 후 형용사화된 것으로 추정된다.

①比況(~のようだ、~のとおりだ)

・…奈良の都は咲く花のにほふがごとく今盛りなり (万葉集)

→

・道に長じぬる一言、神のごとしと人思へり。(徒然草)

→

②例示(~のようだ)

・土産(とさん)、粮料(ろうれい)ごときの物をも乞(こ)ひ給へかし。(平家物語)

→

3-6 고전문장 번역연습 古典文の翻訳に挑んでみよう！

고전문장에 대한 전반적인 이해 및 주요 문법사항 학습을 바탕으로 대표 고전문장을 읽으면서 뜻을 파악하고 현대일본어로 번역해본다. 연습을 위해『竹取物語』의 시작 부분을 예시로 들었다. 문장 파악을 위해 술어 부분에 쓰이는 주요 품사(동사, 형용사, 형용동사)는 실선, 조동사 및 조사 등은 이중 실선으로 표시해놓았다.

아래 (1)~(5)를 읽고 활용하는 단어에 ①, ② 등으로 번호를 매겨서 풀이한다. 이 때, 동사의 경우는 동사 종류 및 기본형(사전형), 활용형 종류(예: 書きの 경우 '4단동사 書く, 연용형'), 형용사의 경우는 기본형, ク활용인지, シク활용인지 여부 및 활용형 종류(예: 高き山의 경우 '高し, ク활용, 연체형'), 형용동사의 경우 기본형, ナリ활용인지 タリ활용인지 여부 및 활용형 종류(예: いと静かにおはするに의 경우 '静かなり, ナリ활용, 연용형')를 표시한다.

조동사의 경우도 대부분 활용하므로 기본형, 활용형 종류, 주요 의미를 표시한다. 조사의 경우는 문장 해석에 필요한 주요 사항을 표시한다. 예를 들어 ぞ·なむ의 경우 계조사로 해당 문장 술어가 연체형을 취하고 있는지, や·か의 경우 ぞ·なむ와 같은 문법사항과 더불어 의문의 뜻을 나타내고 있는 점을 확인할 필요가 있으며, 자주 등장하는 て는 '~하고, ~해서'를 나타내는 접속조사, ば는 조건표현(가정조건인지 확정조건인지의 구분은 필요)을 나타내는 접속조사인 점을 표시한다. 이 외의 접속조사에 대해서는 부록을 참고하기 바란다.

위와 같이 주요 문장 구성성분 및 뜻을 파악하는 작업을 거친 후 화살표(→)에는 현대어 번역문을 써 본다. 이러한 일련의 작업을 반복하는 과정 속에서 고전문장에 익숙해지고 차츰 읽기 수월해질 것이다.

<예시>

(1)今は昔、竹取の翁といふものありけり。

→

(2)野山にまじりて竹を取りつつ、よろづのことに使ひけり。

→

(3)名をば、散吉の造となむいひける。

→

(4)その竹の中に、もと光る竹なむ一筋ありける。

→

(5)怪しがりて、寄りて見るに、筒の中光りたり。

→

<문장 풀이 및 현대어 번역>

(1)今は昔、竹取の翁といふものありけり。

① ② ③

①いふ(=言ふ), 4단동사, 연체형

②あり, ラ변동사, 연용형

③けり, 과거 조동사, 종지형

→今では昔のことになるが/今となっては、もう昔のことだが、竹取の翁という者がいた(のである)。

(2)野山にまじりて竹を取りつつ、よろづのことに使ひけり。

① ② ③ ④ ⑤ ⑥

①まじる, 4단동사, 연용형

②て, 접속조사, ～하고, ～해서

③取る, 4단동사, 연용형

④つつ, 접속조사, ～하면서

⑤使ふ, 4단동사, 연용형

⑥けり, 과거의 조동사, 종지형

→野山/山や野原に分け入って竹を取っては、(その竹を)あらゆることに使っていた。

(3)名をば、散吉の造となむいひける。

① ② ③

①なむ, 계조사, 문장 술어 연체형 동반

②いふ(=言ふ), 4단동사, 연용형

③けり, 과거의 조동사, 연체형(계조사 なむ와 호응)

→翁の名は、散吉の造と言った（のである）。

(4)その竹の中に、もと光る竹なむ一筋ありける。

① ② ③ ④

①光る, 4단동사, 연체형

②なむ, 계조사, 문장 술어 연체형 동반

③あり, ラ변동사, 연용형

④けり, 과거의 조동사, 연체형(계조사 なむ와 호응)

→(ある日のこと、翁がいつも取っている)竹の中に、なんと根元が光る竹が
一本あった(のである)。

(5)怪しがりて、寄りて見るに、筒の中光りたり。

①　②　③　④　⑤　⑥　⑦

①怪しがる, 4단동사(~がるは 접미사), 연용형

②て, 접속조사, ~하고, ~해서

③寄る, 4단동사, 연용형

④て, 접속조사, ~하고, ~해서

⑤見る, 상1단동사, 연체형

⑥光る, 4단동사, 연용형

⑦たり, 완료·계속의 조동사, 종지형

→怪しがって/不思議に思って、そばに寄って見ると、竹筒の中が光っている。

II

워크시트 ワークシート

日付：　　　　　　　　　　　　　　　　名前：

▶古典文法は主に＿＿＿＿＿＿＿＿＿＿時代（中古、795 - 1086）の文法のことを指す。

この時代の文法は近代に入っても踏襲され、明治時代の文章にも確認できる。

以下は森鷗外の『舞姫』(1890) の冒頭である。

> 石炭をば早や積み果てつ。中等室の卓のほとりは
>
> いと静にて、熾熱燈の光の晴れがましきも徒なり。
>
> 今宵は夜ごとにここに集ひ来る骨牌仲間も「ホテル」に宿りて、
>
> 舟に残れるは余一人のみなれば。

▶現代語にも古典文法の痕跡を見ることができる。例えば、

▷『잠자는 숲 속의 미녀』→

▷『바람이 분다』→

▷『바람과 함께 사라지다』→

▷과거 조동사「　　」→

▷부정 조동사「　　」→

▷조건 접속조사「　　」→

▷부정추량 조동사「　　」→

▷추량·의지 조동사「　　」→

▷형용사 ＿＿＿＿활용 →

日付 : 名前 :

▶古典語と歴史的仮名遣い

(1)_____行転呼音 : 어중(語中)·어미(語尾)의 _____행음(　·　·　·　·　)이

_____행음(　·　·　·　·　)으로 변하는 현상

연습문제

あはれ	→	いきほひ	→
いへ	→	いにしへ	→
おもふ	→	けはひ	→
にほふ	→		

(2)「ゐ·ゑ·を」「ぢ·づ」「くわ·ぐわ」 표기는 「　·　·　」, 「　·　」

「　·　」로 읽기

연습문제

ゐど	→	まゐる	→
こゑ	→	をり	→
もみぢ	→	よろづ	→
くわんにん	→	ぐわん	→

(3)모음이 _____할 경우 또는 모음에 「_____」가 붙는 경우는 ________으로 발음

연습문제

あふぎ →

いうなり →

うつくしう →

けうらなる →

さふらふ →

たまふ →

(4)조동사 및 조사에 붙은「む」는「______」으로 발음

けむ는「______」, てむ는「______」, なむ는「　　」으로 발음. む는 간혹 표기되지 않고 생략될 경우도 있다. なむめり→「______」, 다만 발음시에는「なんめり」로 읽는다.

연습문제

ゆかむ →

らむ →

정리·복습

(1)すゑ →

(2)こひし →

(3)まゐる →

(4)まうす →

(5)あづま →

(6)せうえう →

(7)あはれ →

(8)てふてふ →

(9)をとつひ →

(10)せうそく →

日付 : 名前 :

▶古典文の基本構成

▷문장 구조

・__________ 昔、男ありけり。(伊勢物語)

・__________ いとをさなければ、籠に入れてやしなふ。(竹取物語)

▷문장 유형

・__________ 翁、竹を取ること久しくなりぬ。(竹取物語)

・__________ 何事ぞや、童べと腹立ち給へるか。(源氏物語)

・__________ いかに美しき君の御戯れ心なり。(源氏物語)

・__________ いで君も書きたまへ。(源氏物語)

▷품사(品詞)분류 : 단어를 ________ 및 ________적 특징에 의해 분류한 것

・__________ 昔、男ありけり。(伊勢物語)

・__________ いかに美しき君の御戯れ心なり。(源氏物語)

・__________ いとしづかに、もの遠きさましておはするに、(源氏物語)

・__________ 翁、竹を取ること久しくなりぬ。(竹取物語)

・__________ いとをさなければ、籠に入れてやしなふ。(竹取物語)

・__________ ある山里に尋ね入ることはべりしに (徒然草)

・__________ …目とまり給ふ。さるは、限りなう心を尽くし…、(源氏物語)

・__________ いざ、かい餅せん。(宇治拾遺物語)

・__________ 藤波の咲き行く見ればほととぎす鳴くべき時に近づきにけり。(万葉集851)

・__________ 思はむ子を法師になしたらむこそ、心苦しけれ。(枕草子)

日付 :　　　　　　　　　　　　　　名前 :

▶古代語の格表示の整理

격 종류	고대어(상대어+중고어)	현대어
주격(　　　　　)	Ø、が、の	
대격(　　　　　)	Ø、を	
기점(　　　　　)	を、より、から	
착점(　　　　　)	に、へ	
상대(　　　　　)	に、と	
장소(　　　　　)	に、にて	
원인·이유(　　　　　)	に、にて	
도구·수단(　　　　　)	にて、して、より、から	
공동(　　　　　)	と、して	
방향(　　　　　)	に、へ	
소유(　　　　　)	の、が	
연체격(　　　　　)	の、な、つ	

日付：　　　　　　　　　　　　　　　　　名前：

▶五十音図を基にした古典文法と現代文法の動詞

(※고전어의 예외: ラ행변격동사「________」)

고전어 ____ ____ ____ ____ _____ ____ _____ ____ ____

현대어 書く 死ぬ ある 見る 起きる 蹴る 受ける 来る する

▷現代文法における動詞の種類

Ⅰグループ/1그룹 = _________(活用)動詞 例) 会う、書く、話す

あ、い、う、え、お段 5개의 단에 걸쳐 활용

Ⅱグループ/2그룹 = __________(活用)動詞 例) 起きる、受ける

_____段=______段 또는 ______段=______段에 걸쳐 활용

Ⅲグループ/3그룹 = __________(活用)動詞

例) 来る=________行変格(活用)動詞 =_________

する=________行変格(活用)動詞 =_________

정리·복습 현대어와 고전어의 동사활용종류 채워 넣기

現代語		古典語	
	書く	書く	
	ある	あり	
	死ぬ	死ぬ	
	見る	見る	
	起きる	起く	
	蹴る	蹴る	
	受ける	受く	
	来る	来	
	する	す	

▷古典文法における動詞の種類

동사활용종류	예
________(활용)동사	書く,
________(활용)동사	見る,
________(활용)동사	起く,
________(활용)동사	蹴る
________(활용)동사	受く,
_______변격(활용)동사	来
_______변격(활용)동사	す,
_______변격(활용)동사	死ぬ,
_______변격(활용)동사	あり,

▷サ행변격 복합동사

·한자어+す :

·고유어+す :

日付：＿＿＿＿＿＿＿＿＿＿＿＿＿＿＿＿ 名前：＿＿＿＿＿＿＿＿＿＿＿＿＿＿＿＿

▶古典文法における活用形6つの主な意味

	まだそうなっていないことにつながる形
	用言(動詞·形容詞·形容動詞など)につながる形
	文が終わる/終止する形
	体言(名詞·代名詞)などにつながる形
	すでにそうなっていることにつながる形
	命令する形

▶現代語における活用形6つ(動詞「書く」「起きる」)

·＿＿＿＿＿：否定の「ない」や受身·使役·使役受身の「ー(ら)れる、(さ)せる、(さ)せられる」など、まだそうなっていないことにつながる形

ない　(ら)れる　(さ)せる　(さ)せられる

例) 書く

起きる

·＿＿＿＿＿：用言（動詞·形容詞·形容動詞、「て、た」など）につながる形

例)

・_________：文が終わる/終止する形，体言(名詞・代名詞)などにつながる形

例)

・_________：仮定する形　例)

・_________：命令する形　例)

・_________：意志・勧誘する形　例)

▶古典文法の基本動詞の活用形(6つ)

・**基本形**기본형＝**辞書形**사전형　＝**終止形**종지형

	五段 書く	五段 ある		四段 書く	ラ変 あり	
未然形미연형			＋ ない			＋ ず
連用形연용형			＋ た			＋ たり
終止形종지형			＋ Φ。			＋ Φ。
連体形연체형			＋ とき			＋ とき
已然形이연형			＋ ば			＋ ば
命令形명령형			＋ Φ!			＋ Φ!

・**基本形**기본형＝**辞書形**사전형　＝**終止形**종지형

	上一段 見る	五段 蹴る		上一段 見る	下一段 蹴る	
未然形미연형			＋ ない		蹴	＋ ず
連用形연용형			＋ た		蹴	＋ たり
終止形종지형			＋ Φ。		蹴	＋ Φ。
連体形연체형			＋ とき		蹴	＋ とき
已然形이연형			＋ ば		蹴	＋ ば
命令形명령형			＋ Φ!		蹴	＋ Φ!

<참고> 현대어의 '蹴る'(5단동사)

	未然形	連用形	終止連体形	仮定形	命令形	意志·勧誘形
蹴る						

· **基本形**기본형 = **辞書形**사전형 = **終止形**종지형

	上一段	下一段		上二段	下二段	
	起きる	**受ける**		**起く**	**受く**	
未然形미연형			+ ない	**起**	**受**	+ ず
連用形연용형			+ た	**起**	**受**	+ たり
終止形종지형			+ Φ。	**起**	**受**	+ Φ。
連体形연체형			+ とき	**起**	**受**	+ とき
已然形이연형			+ ば	**起**	**受**	+ ば
命令形명령형			+ Φ!	**起**	**受**	+ Φ!

· **基本形**기본형 = **辞書形**사전형 = **終止形**종지형

	カ変	サ変	五段		カ変	サ変	ナ変	
	来る	**する**	**死ぬ**		**来**	**す**	**死ぬ**	
未然形미연형				+ ない			**死**	+ず
連用形연용형				+ た			**死**	+たり
終止形종지형				+ Φ。			**死**	+Φ。
連体形연체형				+とき			**死**	+とき
已然形이연형				+ ば			**死**	+ば
命令形명령형				+ Φ!			**死**	+Φ!

日付：　　　　　　　　　　　　　　　　　　名前：

▶古典文法の6つの活用形の使われ方

①미연형(未然形)

(1)文を書き置きてまからむ。恋しからむ折々、取り出でて見給へ (竹取物語)

〔　　　〕〔　　　〕

(2)命死なば、いかがはせむ。生きてあらむかぎりかく歩きて、(竹取物語)

〔　　〕　〔　　〕　〔　　〕

(3)御心地なほ例ならずのみ思さるれば、他所に渡りたまひて御修法などせさせたまふ

〔　　〕〔　　〕　〔　　〕

(4)見ずもあらず見もせぬ人の恋しくはあやなく今日やながめ暮さむ (古今和歌集)

〔　　〕〔　　〕〔　　〕　〔　　〕

(5)少しのことにも、先達はあらまほしきことなり (徒然草)

〔　　〕

②연용형(連用形)

(6)物語のことを、昼は日ぐらし思ひつづけ、夜も目の覚めたるかぎりは… (更級日記)

〔　　　〕　〔　　〕

(7)よろづのことなのめに目安くなれば、いとなむ思ひなくうれしき (源氏物語)

〔　　　〕〔　　　〕　〔　　〕〔　　〕

(8)磯に雪降り、波の花咲けり (竹取物語)

〔　　〕

(9)日照りて曇りぬ (土佐日記)　　(10)食ひながら文をも読みけり (徒然草)

〔　　〕〔　　〕　〔　　〕　〔　　〕

③종지형(終止形)

(11)船出だして行く (土佐日記)

〔　　〕

(12)ただ、むなしき風にまかせて歩く (竹取物語)

〔　　〕

(13)これに薄を入れぬ、いみじうあやしと人いふめり (枕草子)

〔　　〕〔　　〕

(14)いとかく思ひ沈むさまを、心細しと思ふらむ (源氏物語)

〔　　〕〔　　〕

(15)家の造りやうは、夏をむねとすべし (徒然草)

〔　　〕

(16)千年を過ぐすとも、一夜の夢の心地こそせめ (徒然草)

〔　　〕

④연체형(連体形)

(17)その竹の中に、もと光る竹 (竹取物語)

〔　　〕

(18)春ごとに流るる川を花と見て… (古今和歌集)

〔　　〕

(19)勝たんとうつべからず、負けじとうつべきなり (徒然草)

〔　　〕

(20)今日なむ参りはべる (源氏物語)

〔　　〕

(21)よろづのことなのめに目安くなれば、いとなむ思ひなくうれしき (源氏物語)

〔　　　〕

(22)京へ帰るに、女子のなきのみぞ悲しび恋ふる (土佐日記)

〔　　　〕

⑤이연형(已然形)

(23)風吹けば、え出で立たず (土佐日記)

〔　　　〕

(24)京には見えぬ鳥なれば、皆人見知らず (伊勢物語)

〔　　　〕

(25)もののあはれは秋こそまされ (徒然草)

〔　　　〕

(26)船路なれど、馬のはなむけす (竹取物語)

〔　　　〕

(27)音には聞けども、いまだ見ぬ物なり (竹取物語)

〔　　　〕

⑥명령형(命令形)

(28)しばし待て (竹取物語)

〔　　　〕

(29)これに置きてまゐらせよ (源氏物語)

〔　　　〕

(30)文を書き置きてまからむ。恋しからむ折々、取り出でて見給へ (竹取物語)

〔　　　〕

(31)いみじう心まうけさせ給へり (枕草子)

〔　　　〕

日付：　　　　　　　　　　　　　　　　　名前：

정리·복습(2) 동사를 찾아 활용형(6개) 종류 쓰기

(1)物語のことを、昼は日ぐらし思ひつづけ、夜も目の覚めたるかぎりは… (更級日記)

(2)日照りて曇りぬ (土佐日記)

(3)文を書き置きてまからむ。恋しからむ折々、取り出でて見給へ (竹取物語)

(4)勝たんとうつべからず、負けじとうつべきなり (徒然草)

(5)音には聞けども、いまだ見ぬ物なり (竹取物語)

(6)見ずもあらず見もせぬ人の恋しくはあやなく今日やながめ暮さむ (古今和歌集)

(7)船出だして行く (土佐日記)

(8)船路なれど、馬のはなむけす (竹取物語)

(9)これに置きてまゐらせよ (源氏物語)

(10)磯に雪降り、波の花咲けり (竹取物語)

(11)京へ帰るに、女子のなきのみぞ悲しび恋ふる (土佐日記)

(12)食ひながら文をも読みけり (徒然草)

(13)京には見えぬ鳥なれば、皆人見知らず (伊勢物語)

(14)これに薄を入れぬ、いみじうあやしと人いふめり (枕草子)

(15)しばし待て (竹取物語)

(16)少しのことにも、先達はあらまほしきことなり (徒然草)

(17)その竹の中に、もと光る竹 (竹取物語)

(18)よろづのことなのめに目安くなれば、いとなむ思ひなくうれしき (源氏物語)

(19)ただ、むなしき風にまかせて歩く (竹取物語)

(20)文を書き置きてまからむ。恋しからむ折々、取り出でて見給へ (竹取物語)

(21)いとかく思ひ沈むさまを、心細しと思ふらむ (源氏物語)

(22)千年を過ぐすとも、一夜の夢の心地こそせめ (徒然草)

(23)御心地なほ例ならずのみ思さるれば、

他所に渡りたまひて御修法などせさせたまふ (源氏物語)

(24)風吹けば、え出で立たず (土佐日記)

(25)春ごとに流るる川を花と見て… (古今和歌集)

(26)今日なむ参りはべる (源氏物語)

(27)いみじう心まうけさせ給へり (枕草子)

(28)家の造りやうは、夏をむねとすべし (徒然草)

(29)もののあはれは秋こそまされ (徒然草)

(30)命死なば、いかがはせむ。生きてあらむかぎりかく歩きて、(竹取物語)

日付：＿＿＿＿＿＿＿＿＿＿＿＿＿＿＿＿＿＿＿＿＿＿＿＿ 名前：＿＿＿＿＿＿＿＿＿＿＿＿＿＿＿＿＿＿＿＿＿＿＿＿

▶係助詞と係り結び

고전문법의 대표적인 계조사는 '______·______('なん'으로도 표기)·______·______'와 '______'이다. 전자의 4개는 강조 또는 의문을 나타내는 것으로 해당 문장의 술어 부분을 '__________'으로 끝맺음한다. 후자의 1개도 강조 및 초점 등을 나타내며 해당 문장의 술어 부분을 '___________'으로 끝맺음한다. 이러한 호응법칙을 係り結び이라고 부른다.

▷__________

·長らへばまたこの頃や偲ばれむ憂しと見し世ぞ今は恋しき (新古今和歌集)

現代文→

·いかにかく言ふぞ (徒然草)

現代文→

▷__________

·その竹の中に、もと光る竹なむ一筋ありける (竹取物語)

現代文→

·かかる仰せごとにつけても、かき暗す乱り心地になむ(侍る) (源氏物語)

現代文→

▷__________

·「ここにやいます」など問ふ (竹取物語)

現代文→

・「玉ならずもありけむを」と人言はむや（土佐日記）

現代文→

・名(な)にし負(お)はばいざ言問(こと と)はむ都鳥(みやこどり)わが思ふ人はありやなしやと（古今和歌集）

現代文→

▷ ____________

・いづれの山か天に近き」（竹取物語）

現代文→

・童べと腹立ち給へるか（源氏物語）

現代文→

▷ ____________

・中垣(なかがき)こそあれ、一つ家(いへ)のやうなれば、（土佐日記）

現代文→

・唐土(もろこし)にもかかることの起(お)こりにこそ、世も乱(みだ)れ悪(あ)しかりけれ（源氏物語）

現代文→

・今様(いまやう)は無下(むげ)にいやしくこそなりゆくめれ（徒然草）

現代文→

日付：　　　　　　　　　　　　　　　　　　　　名前：

▶現代文法の形容詞類

高(たか)い	楽(たの)しい	静(しず)かだ		
高	楽	静	＋　形	→ 未然形
高	楽	静	＋ ・ 形	→ 連用形
高	楽	静	＋～。	→ 終止形
高	楽	静	＋～とき	→ 連体形
高	楽	静	＋　形	→ 条件形
−	−	−	＋～！	→ 命令形

▶古典文法の形容詞類

高(たか)	楽(たの)		
高	楽	＋　形	→ 未然形
高	楽	＋　形	→ 連用形
高	楽	＋～。	→ 終止形
高	楽	＋～とき	→ 連体形
高	楽	＋　形	→ 已然形
−	−	＋～！	→ 命令形

▶形容詞の活用

①_____활용을 하는 형용사는 대체로 ______ 및 ______을 나타내고 ②_____활용을 하는 형용사는 대체로 _______ 및 _______을 나타낸다.

①ク활용

：荒し、多し、

②シク활용

：惜し、いとほし、

고전문법의 형용사는 주요 활용(主活用 또는 本活用)으로 _____활용과 _____활용의 2종류가 있는데 이외에도 보조적인 활용(補助活用)으로 ______활용이 있다. 이 활용은 어원적으로 ______활용과 ______활용에 공통적으로 들어있는 ‘く’에 존재동사 ‘______’가 결합하여 생긴 것이다.

高	楽		
		＋　　形	→ 未然形
		＋　　形	→ 連用形
		＋～。	→ 終止形
		＋～とき	→ 連体形
		＋　形	→ 已然形
		＋～！	→ 命令形

日付 : 名前 :

▶古典文法の形容動詞類

고전문법의 형용동사는 현대어와 달리 기본형이 _____와 _____로 끝나며 활용형태도 '_____활용'과 '_____활용' 2종류가 있다. 이는 형용사의 ______(_____+_____)활용처럼 어원상 존재동사 'あり'와 연관이 있다. ______는 '_____'+'あり', _____는 '_____'+'あり'의 결합으로 생긴 것이다.

①ナリ활용

：あはれなり、

②タリ활용

：忽然(こつぜん)たり、

静か	堂々		
静か	堂々	+ 形	→ 未然形
静か ·静か	堂々 ·堂々	+ 形	→ 連用形
静か	堂々	+～。	→ 終止形
静か	堂々	+～とき	→ 連体形
静か	堂々	+ 形	→ 已然形
静か	堂々	+～！	→ 命令形

연습문제 밑줄의 품사(형용사 또는 형용동사) 기본형, 활용 종류, 활용형 쓰기

예) 海あらければ、舟出ださず、(土佐日記)

→형용사, あらし, ク활용, 이연형

(1) よろづのことなのめに目安くなれば、いとなむ思ひなくうれしき (源氏物語)

(2) しづかなる山の奥、無常の敵、競ひ来らざらんや (徒然草)

(3) 忘れがたく、口惜しきこと多かれど、え尽くさず、(土佐日記)

(4) 屋のさま、いとひらに 短く、瓦ぶきにて、(枕草子)

(5) また野分のあしたこそをかしけれ (徒然草)

(6) 一人は立てり、一人は居りと見るに、忽然として失せぬ (宇治拾遺物語)

(7) 小野にまうでたるに、比叡の山のふもとなれば、雪いとたかし (伊勢物語)

(8) 女児(をんなご)も、男児(をのこご)も、法師(はふし)も、よき子ども持たる人、いみじう うらやまし (枕草子)

(9) 公事(おほやけごと)に仕うまつれる、おろそかなることもぞ (徒然草)

(10) 唐土(もろこし)にも、かかることの起こりにこそ、世も乱れ、悪(あ)しかりけれと、(源氏物語)

(11) 人の心すなほならねば、偽(いつは)りなきにしもあらず、(徒然草)

(12) さばかりなごかりつる海とも見えずかし (枕草子)

(13) 財あれば恐れ多く、貧しければ恨み切(せち)なり (方丈記)

(14) かくて翁やうやうゆたかになり行く (竹取物語)

(15) 高麗の紙の、はだ細かに なごう 懐かしきが、(源氏物語)

日付：＿＿＿＿＿＿＿＿＿＿＿＿＿＿＿＿ 名前：＿＿＿＿＿＿＿＿＿＿＿＿＿＿＿＿

▶古典文法のさまざまな助動詞(＿＿個)

る ＿＿ す ＿＿ ＿＿＿＿＿＿＿＿＿＿＿＿＿＿＿＿＿＿＿＿

き ＿＿＿＿＿＿＿＿＿＿＿＿＿＿＿＿＿＿＿＿＿＿＿＿＿＿

らむ ＿＿＿＿＿＿＿＿＿＿＿＿＿＿＿＿＿＿＿＿＿＿＿＿

なり ＿＿＿＿＿＿＿＿＿＿＿＿＿＿＿＿＿＿

り

cf. なり(断定) たり(断定) ごとし

▶＿＿＿スタイル(＿＿＿の型)による助動詞の分類

▷동사형

(1)＿＿＿동사형 ：＿＿＿＿＿＿＿＿＿＿

	未然形	連用形	終止形	連体形	已然形	命令形
	○	○				○
	○	○				○
	○	○				○
書く						

(2)_______ 동사형 : ______________________

	未然形	連用形	終止形	連体形	已然形	命令形
死ぬ						

(3)_______ 동사형 : ______________________

	未然形	連用形	終止形	連体形	已然形	命令形
		○				○
	○					○
	○					○
あり						

(4)_______ 동사형 : ______________________

	未然形	連用形	終止形	連体形	已然形	命令形
受く						

(5)______동사형 : ______________________

	未然形	連用形	終止形	連体形	已然形	命令形
	○	○				○
す						

▷형용사형

(1)______활용형 : ______________________

	未然形	連用形	終止形	連体形	已然形	命令形
						○
						○
	○				○	○
高し						

(2)______활용형 : ______________________

	未然形	連用形	終止形	連体形	已然形	命令形
						○
						○
楽し						

▷형용동사형

・ナリ활용형 : なり(______)　　・タリ활용형 : たり(______)

	未然形	連用形	終止形	連体形	已然形	命令形
(静か)なり						
(堂々)たり						

▷특수형 : ______________________________

	未然形	連用形	終止形	連体形	已然形	命令形
	(せ)	○		し	しか	○
	(ませ) ましか	○		まし	ましか	○
	ざら	(に) ず ざり		ぬ ざる	ね ざれ	ざれ

▷불변화형(활용하지 않음) : らし, じ

	未然形	連用形	終止形	連体形	已然形	命令形
らし	○	○	らし	らし らしき	らし	○
じ	○	○	じ	じ	(じ)	○

日付：＿＿＿＿＿＿＿＿＿＿＿＿＿＿＿＿ 名前：＿＿＿＿＿＿＿＿＿＿＿＿＿＿＿＿

▶＿＿＿＿＿および＿＿＿＿＿による助動詞の分類

A. ＿＿＿＿＿＿＿에 접속하는 조동사

a. ＿＿＿＿＿에 붙는 조동사

る　らる　す　さす　しむ　む　むず　まし　まほし　ず　じ

b. ＿＿＿＿＿에 붙는 조동사

き　けり　つ　ぬ　たり(＿＿＿＿＿)　けむ　たし

c. ＿＿＿＿＿에 붙는 조동사(단, ＿＿＿활용형의 경우는 ＿＿＿＿에 붙음)

べし　まじ　らむ　なり(＿＿＿＿＿)　らし　めり

d. ＿＿＿＿＿에 붙는 조동사

なり(＿＿＿＿＿)　ごとし

e. ＿＿＿＿＿에 붙는 조동사

＿＿＿＿

B. ＿＿＿＿·＿＿＿＿ 등에 접속하는 조동사

なり(＿＿＿＿＿) たり(＿＿＿＿＿) ＿＿＿＿＿＿

▷ム系の推量の助動詞：

▷アリ系の推定の助動詞：

▷否定の意をもつ助動詞：

▷希望の助動詞：

▷時間表現と関連する助動詞：

▷受動(＝受身)·使役の助動詞：

日付：　　　　　　　　　　　　　　　　　　　　名前：

▶る·らる

▷現代語のれる·られるの4つの意味用法

①＿＿＿＿＿＿＿＿　·作る　→　ワインはぶどうから作られている。

②＿＿＿＿＿＿＿＿　·食べる　→　店内で食べられますか。

③＿＿＿＿＿＿＿＿　·話す　→　いま総長が話されています。

④＿＿＿＿＿＿＿＿　·思い出す　→　時々先生の言葉が思い出される。

▷古典語「(ら)る」の４つの意味用法

①＿＿＿＿＿＿＿＿＿＿＿＿

·玉(たま)を取(と)らむとて、そこらの人々の害(がい)せられむとしけり (竹取物語)

※玉·取る·害す(=殺す, 傷つける)·む·す·けり

→

·名利に使はれて、静かなる暇(いとま)なく、一生を苦しむこそ、愚かなれ。(徒然草)

※名利·静かなり·苦しむ·愚かなり

→

·物に襲(おそ)はるる心地(ここち)して、驚(おどろ)き給(たま)へれば、(源氏物語)

※襲はる·心地·驚く·給ふ

→

② ______________________________

・家の造りやうは、夏をむねとすべし。冬はいかなる所にも住まる。(徒然草)

※造る・やう(=様)・むね(=宗)・す・べし・いかなる(=如何なる)・住む

→

・涙のこぼるるに、目も見えず、ものも言はれず。(伊勢物語)

※こぼる(=あふれ出る)・見ゆ・言ふ

→

③ ______________________________

・験あらむ僧たち、祈り試みられよ。(徒然草)

※験(=効験)・あり・む・祈る・試む・試みる

→

・かの大納言、いづれの船にか乗らるべき。(大鏡)

※かの(=彼の)・いづれ(=何れ)・乗る・べし

→

・さらば疾う帰られよ。(平家物語)

※さらば(=然らば, それならば)・疾し・帰る

→

④________________________

・今日は京(みやこ)のみぞ思ひやらるる。(土佐日記)

※思ふ・やる(＝遣る)

→

・見捨てたてまつる悲しくて、人知れずうち泣かれぬ。(更級日記)

※見捨つ・たてまつる(＝奉る)・悲し・うち(＝打ち)、泣く

→

日付：＿＿＿＿＿＿＿＿＿＿＿＿＿＿＿＿ 名前：＿＿＿＿＿＿＿＿＿＿＿＿＿＿＿＿

▶す·さす·しむ

①＿＿＿＿＿＿＿＿＿＿＿＿＿＿

·妻の嫗にあづけて養はす。(竹取物語)

※妻·嫗(＝老婆·老女)·あづく(＝預く)·養ふ

→

·今宵、かかることと声高にものも言はせず。(土佐日記)

※今宵·かかる(＝斯かる)·声高·言ふ

→

·僧都の御弟子、惟光を呼び出でさす。(源氏物語)

※僧都·呼ぶ·出づ

→

·皆取り出だして食はしむれば、(今昔物語集)

※食ふ

→

·仏を観じて悪念を成す事無からしめむ (今昔物語集) ＊形容詞の「無し」＋しむ

※観ず·成す·無し·む

→

②＿＿＿＿＿＿＿＿＿＿＿＿＿＿

·夜の御殿(おとど)に入(い)らせ給(なま)ひても、まどろませ給ふこと難(かた)し (源氏物語)

※ 御殿(＝大殿)·入る·給ふ·まどろむ(＝微睡む)·難し

→

·物怖(ものお)ぢをなむわりなくせさせ給ふ御本性(ごほんじやう)にて、(源氏物語)

※なむ·わりなし·す·給ふ

→

·明石(あかし)の駅(むまや)といふ所に御宿(おほんやど)りせしめ給ひて、(大鏡)

※宿る·す·給ふ

→

日付：　　　　　　　　　　　　名前：

▶む・むず

①

・命死なば、いかがはせむ。生きてあらむかぎりかく歩きて、(竹取物語)

※死ぬ・す・生く(上二段)・歩く

→

・狐などやうのものの人脅かさむとて、気恐ろしう思はするならむ (源氏物語)

※脅かす・気恐ろし・思ふ・す・なり

→

・この月の十五日に、かのもとの国より迎へに人々詣で来むず。(竹取物語)

※十五日(＝望)・参づ＝詣づ＝参る・迎ふ(下二段)・来

→

・二つの矢、師の前にて、一つを疎かにせんと思はんや。(徒然草)

※疎かなり・す・思ふ

→

②＿＿＿＿＿＿＿＿＿＿＿＿＿＿・＿＿＿＿＿＿＿＿＿＿＿＿＿＿

・文を書き置きてまからむ。(竹取物語)　※文(＝手紙)・書き置く・まかる(＝罷る)

→

・命死なば、いかがはせむ。生きてあらむかぎりかく歩きて、(竹取物語)

※死ぬ・す・生く(上二段)・かく(＝斯く)・歩く

→

・二つの矢、師の前にて、一つを疎かにせんと思はんや。(徒然草)　※疎かなり・す

→

・お送りして疾く去なむと思ふに、(伊勢物語)

※送る・疾く(＝急いで)・去ぬ＝往ぬ(ナ変)

→

・いづちもいづちも足の向きたらむ方へ往なむず (竹取物語)

※いづち(＝何方・何処)・向く・たり

→

・灯し火消ちなむずる。(伊勢物語)　※消つ(四段)・ぬ

→

③＿＿＿＿＿＿＿＿＿＿＿＿＿＿・＿＿＿＿＿＿＿＿＿＿＿＿＿＿

・忍(しの)びては参り給ひなむや。(源氏物語)　　※忍ぶ・参る・給ふ・ぬ

→

・法師(ほうし)は、人に疎(うと)くてありなむ。(徒然草)　　※疎し(ク活用)・あり・ぬ

→

・この御格子(みかうし)は参らでやあらむずる (落窪物語)

※参る・で(否定の'ず'の連用形'に'+'て'からなる)・あり

→

④＿＿＿＿＿＿＿＿＿＿＿＿＿＿・＿＿＿＿＿＿＿＿＿＿＿＿＿＿

・心づきなき事あらん折(をり)は、なかなかその由(よし)をも言ひてむ。(徒然草)

※心づきなし・あり・言ふ・つ

→

・思はむ子を法師(ほふし)に成したらむこそ、心苦(こころぐる)しけれ、　※思ふ・成す・たり・心苦し

→

・さる所へ罷(まか)らむずるも、いみじく侍らず。※さる(=然る)・罷る・いみじ・侍り(ラ変)

→

日付：＿＿＿＿＿＿＿＿＿＿＿＿＿＿＿＿＿＿＿＿ 名前：＿＿＿＿＿＿＿＿＿＿＿＿＿＿＿＿＿＿＿＿

▶まし

①＿＿＿＿＿＿＿＿＿＿＿＿＿＿

・竜(たつ)を捕(と)らへたらましかば、また、事(こと)もなく、我(われ)は害(がい)せられなまし。(竹取物語)

※捕らふ(下二段)・たり・事もなし・害す

→

・もし海辺(うみべた)にて詠(よ)まましかば、「波立ち…(後略)」とも詠みてまし。(土佐日記)

※もし・詠む・つ

→

・この風、今しばし止(や)まざりしかば、潮上(しほのぼ)りて残る所なからまし。(源氏物語)

→

②＿＿＿＿＿＿＿＿＿＿＿＿＿＿

・見る人もなき山里(やまざと)の桜花(さくらばな)、ほかの散(ち)りなむ後(のち)ぞ、咲かまし。(古今和歌集)

※散る・咲く

→

③＿＿＿＿＿＿＿＿＿＿＿＿＿＿

・これに何を書かまし。(枕草子)

→

・いかにせまし。(源氏物語)

→

④＿＿＿＿＿＿＿＿＿＿＿＿＿＿

・行き暮れて木の下かげを宿とせば、花や今宵の主人ならまし。(平家物語)

※行き暮る(下二段)・す・なり

→

▶まほし

▷＿＿＿＿＿＿＿＿＿＿＿＿＿＿

・紫のゆかりを見て、続きの見まほしく覚ゆれど、(更級日記)

※ゆかり(縁、関係するところ)・覚ゆ(下二段)

→

・いかなる人なりけむ、尋ね聞かまほし。(徒然草)

※いかなる(如何なる)・けむ・尋ぬ・聞く

→

・少しのことにも、先達はあらまほしきことなり。(徒然草)

→

日付：　　　　　　　　　　　　　　　　名前：

▶ず

	未然形	連用形	終止形	連体形	已然形	命令形
ず						

▷＿＿＿＿＿＿＿＿＿＿

·「妬(ねた)き。言はざらましものを」と悔しがるうちに、(土佐日記)

※妬し·まし·悔しがる

→

·忘(わす)れがたく、口惜(くちを)しきこと多(おほ)かれど、え(書き)尽くさず。(土佐日記)

※忘る·難し·口惜し·多し·尽くす

→

·魚は水に飽かず。魚にあらざれば、その心を知らず。(方丈記)

※飽く·あり·知る

→

연습문제 괄호 안에 쓰인 활용형으로 바꾸기

(1)何事をか宣(のたま)はむことは承(うけたまわ)らず→(未然形：　　　　　　　　　　)む。(竹取物語)

(2)この川、飛鳥川(あすかがわ)にあらず→(已然形：　　　　　　　　　　)ば、

淵瀬(ふちせ)さらに変はらず→(連用形：　　　　　　　　　　)けり。(土佐日記)

(3)幣(ぬさ)には御心(みこころ)の行かず→(已然形：　　　　　　　　　　)ば、御船(みふね)も行かず

→(連体形：　　　　　　　　　　)なり。(土佐日記)

(4)京(みやこ)には見えず→(連体形：　　　　　　　　　　)鳥なれば、みな人

見知らず→(終止形：　　　　　　　　　　)。(伊勢物語)

(5)道の人、これを聞きて思ひ諌(いさ)めて、

われを打たしめず(→命令形：　　　　　　　　　　)。(今昔物語集)

(6)金(こがね)は優(すぐ)れたれども、鉄(くろがね)の益(やく)多きに

及(し)かず(→連体形：　　　　　　　　　　)がごとし。(徒然草)

日付：　　　　　　　　　　　　　　　　　　　名前：

▶じ

①＿＿＿＿＿＿＿＿＿＿＿＿＿＿

・春来ぬと人はいへども鶯(うぐひす)の鳴かぬかぎりはあらじとぞ思ふ (古今和歌集)

※来・言ふ・鳴く

→

・御(ご)相伝(きうでん)浮(う)ける事には侍らじなれども、(徒然草)

※相伝(＝受け継ぐこと, 受け伝え)・浮く・侍り

→

②＿＿＿＿＿＿＿＿＿＿＿＿＿＿

・さらば、ただ心に任(まか)かせよ。われは詠(よ)めとも言はじ。(枕草子)

※任す・詠む・言ふ

→

・読みは読み候ひなん。されど、恐(おそ)れにて候(さうら)へば、え申し候はじ。(宇治拾遺物語)

※恐る(下二段)・候ふ(「あり」「仕ふ」の謙譲語)・申す

→

日付：　　　　　　　　　　　　　　　名前：

▶き・けり

▷き＿＿＿＿＿＿＿＿

・ほとりに松もありき。(土佐日記)

→

・罪に怖ぢて都を去りし人を、三年をだに過ぐさず許されむことは、(源氏物語)

※怖づ・去る・過ぐす(＝過ごす)・許す

→

・この男の家ゆかしくて、率て行けと言ひしかば、率て来たり (更級日記)

※ゆかし(シク活用)・率る(上一段)・言ふ・来・たり

→

연습문제 괄호 안에 쓰인 활용형으로 바꾸기

(1)竜の頸の玉をえ取らざりき→(已然形：　　　　　　　　) ばなむ、

殿へもえ参らざりき→(連体形：　　　　　　　　)。(竹取物語)

(2)ありき→(連体形：　　　　　　　　) より異に恋しくのみ

覚えければ、(伊勢物語)

(3)もの病みになりて死ぬべき時に

「かくこそ思ひき→(已然形：　　　　　　　　　)」と言ひけるを、(伊勢物語)

(4)おもかげは身をも離れず、山桜心の限り、

止めて来き→(已然形：　　　　　　　　)ど、(源氏物語)

▷けり________________

・紀の国の千里の浜にありける、いとおもしろき石奉れりき。(伊勢物語)

※あり・けり・おもしろし・奉る・り

→

・この枝、かの枝、散りにけり。(徒然草)　※かの(＝彼の)・散る・ぬ・けり

→

・波とのみ一つに聞けど、色見れば雪と花とに紛ひけるかな。(土佐日記)

※聞く・見る・紛ふ・けり

→

・さらば、その子なりけりと、思し合せつ。(源氏物語)

※思す(「思ふ」の尊敬語、お思いになる)・合す(下二段)・つ

→

日付：________________________ 名前：________________________

▶つ・ぬ

①________________________

・雀(すずめ)の子を犬君(いぬき)が逃(に)がしつる。(源氏物語)

→

・立ち遅(おく)れる人々を待つとて、そこに日を暮(く)らしつ。(更級日記)

→

・秋来ぬと目にはさやかに見えねども、風の音ぞ驚(おどろ)かれぬる。(古今和歌集)

※さやかなり(＝清かなり)・見ゆ(下二段)・驚く

→

・はや舟に乗れ。日も暮(く)れぬ。(伊勢物語)

→

②________________________

・御船(みふね)返(かへ)してむ。(土佐日記)

→

・「門(かど)よく差(さ)してよ。雨もぞ降る」(徒然草)

→

·潮満ちぬ。風も吹きぬべし。(土佐日記)

※満つ·吹く

→

·世の例にもなりぬべき御もてなしなり (源氏物語)

→

③____________________

·僧都、乗っては降りつ、降りては乗りつ、あらまし事をぞし給ひける。(平家物語)

※乗る·降る(上二段)·す·給ふ

→

·(扇は)白波の上に漂ひ、浮きぬ沈みぬ揺られければ、(平家物語)

※漂ふ·浮く·沈む·揺る

→

日付：＿＿＿＿＿＿＿＿＿＿＿＿＿＿＿ 名前：＿＿＿＿＿＿＿＿＿＿＿＿＿＿＿

▶たり・り

①＿＿＿＿＿＿＿＿＿＿

・その山(＝富士山)は、ここ(京の都)にたとへば、比叡(ひえい)の山を二十(はたち)ばかり

重ねあげたらんほどして、(伊勢物語)

※たとふ(＝喩ふ)・重ぬ(下二段)・あぐ(＝上ぐ・挙ぐ)・む(＝ん)

→

・まさしく見たりと言ふ人もなく、そらごとと言ふ人なし。(徒然草)

※まさし・見る・言ふ・なし

→

・いと思ひの外(ほか)なる人のいへれば、人々怪(あや)しがる。(土佐日記)

→

・人をやりて見するに、おほかた逢(あ)へる者なし。(徒然草)

→

②＿＿＿＿＿＿＿＿＿＿

・人みな寝(ね)たれば、海のありやうも見えず。(土佐日記)

※寝(下二段)・見ゆ(下二段)

→

・その沢に燕子花いとおもしろく咲きたり。(伊勢物語)

→

・男児の、声は幼げにて文読みたる、いとうつくし (枕草子)

※幼げなり(「げ」は接尾語、=いかにも幼そうだ)・いと・うつくし

→

・二日、なほ大湊に泊まれり。(土佐日記)

→

・富士の山を見れば、五月の晦に雪いと白う降れり。(伊勢物語)

→

・顔はいと赤くなして立てり。(源氏物語)

→

③________________________

・重き鎧の上に、重き物を負うたり、抱いたりして、(平家物語)

→

日付：＿＿＿＿＿＿＿＿＿＿＿＿＿＿＿＿ 名前：＿＿＿＿＿＿＿＿＿＿＿＿＿＿＿＿

▶けむ

①＿＿＿＿＿＿＿＿＿＿＿＿

・人数(ひとかず)には思(おぼ)し入(い)れざりけめども、(源氏物語)

※思し入る(「思ひ入る」の尊敬語)

→

・浮舟の女房(にょうばう)のかかる所にやありけむ、などまづ思ひ出でらる。(更級日記)

→

・向(む)かひゐたれけんありさま、さこそ異様(ことやう)なりけめ。(徒然草)

※向かふ・ゐる(＝居る)・さこそ(＝然こそ、さぞかし)・異様なり

→

①＿＿＿＿＿＿＿＿＿＿＿＿

・見渡せば山もと霞(かす)む水無瀬(みなせ)川夕べは秋となに思ひけむ (新古今和歌集)

※見渡す・霞む・思ふ

→

・唐土(もろこし)の人は、これをいみじと思へばこそ、記し留めて世にも伝えけめ。(徒然草)

→

②＿＿＿＿＿＿＿＿＿＿＿＿＿＿＿

・…中納言の「関吹きこゆる」と言ひけむ浦波、夜々はいと近く聞こえて、(源氏物語)

※こゆ(＝越ゆ・超ゆ)・聞こゆ(下二段)

→

・昔、こはたと言ひけむが孫といふ (更級日記)

→

・向かひゐたれけんありさま、さこそ異様なりけめ。(徒然草)

※向かふ・ゐる(＝居る)・さこそ(＝然こそ、さぞかし)・異様なり

→

▶たし ： ＿＿＿＿＿＿＿＿＿＿＿＿＿＿＿

・誰もみなあのやうでこそありたけれ。(平家物語)

→

・御覧ぜられたきことありて、御本を御覧ずれども、(徒然草)

※御覧ず(サ変動詞)・あり

→

・やがて一人うち食ひて、帰りたければ、一人つい立ちて行きけり。(徒然草)

→

日付：＿＿＿＿＿＿＿＿＿＿＿＿＿＿＿＿ 名前：＿＿＿＿＿＿＿＿＿＿＿＿＿＿＿＿

▶べし

①＿＿＿＿＿＿＿＿＿＿＿＿

・女児(をんなご)のためには、親幼(をさな)くなりぬべし。(土佐日記)

※幼し・なる(成る、四段動詞)・ぬ

→

・こと人々の(歌)もありけれど、賢(さか)しきもなかるべし。(土佐日記)

※あり・賢し・なし

→

・人は容貌(かたち)、有様(ありさま)の優(すぐ)れたらむこそ、あらまほしかるべけれ。(徒然草)

※優る・たり・む・あり・まほし・かり

→

②＿＿＿＿＿＿＿＿＿＿＿＿

・(かぐや姫は)「宮仕(みやつか)へに出(い)だし立てば死ぬべし」と申(まう)す (竹取物語)

→

・毎度(まいど)ただ得失(とくしつ)なく、この一矢に定(さだ)むべしと思へ。(徒然草)

※なし・定む(下二段)・思ふ

→

③＿＿＿＿＿＿＿＿＿＿＿＿＿＿

・その山見るに、さらに登るべきやうなし。(竹取物語)

→

・羽(はね)なければ空をも飛(と)ぶべからず、(方丈記)

→

④＿＿＿＿＿＿＿＿＿＿＿＿＿＿

・子となり給ふべき人な(る)めり。(竹取物語)

→

・月(つき)の影(かげ)は同(おな)じことなるべければ、人の心も同じことにやあらん。(土佐日記)

→

・人の歌の返し、疾(と)くすべきを、え読み得(え)ぬほども、(枕草子)

※疾し・え・得(う)(下二段)

→

⑤＿＿＿＿＿＿＿＿＿＿＿＿＿＿

・家の造りやうは、夏をむねとすべし。(徒然草)

→

・今日ばかりは、わざとかくてあるべきなり。(徒然草)

→

・自らもいと心得ぬことなれば、定かにいかに申すべしとも覚えはべらねど、(方丈記)

※心得(下二段、=理解する・引き受ける)・定かなり・申す・覚ゆ・はべり

→

⑥________________________

・頼朝が首をはねて、わが墓の前に懸くべし。(平家物語)

※はぬ(下二段、=首を刀で切り落とす)・懸く(四段動詞)

→

・西に向かはせ給ひて、御念仏さぶらふべし (平家物語)

※向かふ・給ふ・さぶらふ(=侍ふ・候ふ)

→

日付：　　　　　　　　　　　　　　　　名前：

▶まじ

①＿＿＿＿＿＿＿＿＿＿＿＿

・人のたはやすく通(かよ)ふまじからむところに、(堤中納言物語)

※たは易し(＝た易し、「た」は接頭語)・む

→

・冬枯(ふゆが)れの景色こそ、秋にはをさをさ劣(おと)るまじけれ。(徒然草)

※をさをさ(「否定」と呼応)・劣る

→

②＿＿＿＿＿＿＿＿＿＿＿＿

・「ただ今は見るまじ」とて入りぬ。(枕草子)

→

・ゆめゆめ疎略(そりゃく)を存(ぞん)ずまじう候(さうら)ふ。(平家物語)

※ゆめゆめ(副詞、否定表現と呼応)・存ず・候ふ

→

③＿＿＿＿＿＿＿＿＿＿＿＿

・鍛冶匠(かじたくみ)六人を召(め)し取りて、たはやすく人寄(よ)り来まじき家を作りて、(竹取物語)

→

・今宵はえ参るまじ。(枕草子)

→

④____________________

・怪しく世の人に似ず、あえかに見え給ひしも、かく長かるまじくてなりけり。(源氏物語)

→

・仏の御しるべは、暗きに入りても、さらに違ふまじか(る)なるものを、(源氏物語)

→

⑤____________________・____________________

・人は慮りなく、言ふまじきことを口疾く言ひ出だし、(源氏物語)

→

・このことはさらに御心より漏らせたまふまじ。(源氏物語)

→

日付：＿＿＿＿＿＿＿＿＿＿＿＿＿＿＿＿ 名前：＿＿＿＿＿＿＿＿＿＿＿＿＿＿＿＿

▶らむ

①＿＿＿＿＿＿＿＿＿＿＿＿＿

・風吹けば沖つ白波たつた山夜半にや君が一人越ゆらむ (伊勢物語)

※吹く・たつた山(竜田山)・夜半(夜中)・越ゆ

→

・駒並めていざ見に行かむ。ふるさとは雪とのみこそ花は散るらめ。(古今和歌集)

→

①' ＿＿＿＿＿＿＿＿＿＿＿＿＿

・…光のどけき春の日に静心なく花の散るらむ (古今和歌集)

※のどけし(長閑けし)・散る

→

・命をかけて、何の契りに、かかる目を見るらむ。(源氏物語)

→

②＿＿＿＿＿＿＿＿＿＿＿＿＿・＿＿＿＿＿＿＿＿＿＿＿＿＿

・蓬萊といふらむ山にあふやと、海に漕ぎ漂ひ歩きて、(竹取物語)

※漕ぐ・漂ふ・歩く

→

・鸚鵡いとあはれなり。人の言ふらむことをまねぶらむよ。(枕草子)

※まねぶ(=学ぶ)

→

▶なり

①＿＿＿＿＿＿＿＿＿＿＿＿＿

・男もすなる日記といふものを女もしてみむとて、するなり。(土佐日記)

→

・「殿まゐらせ給ふなり」とて、散りたるものとりやりなどするに、(枕草子)

→

②＿＿＿＿＿＿＿＿＿＿＿＿＿

・秋の野に人まつ虫の声すなり我かと行きていざとぶらはむ (古今和歌集)

※とぶらふ(=訪ふ)・む

→

・笛をいとをかしく吹き澄まして、過ぎぬなり (更級日記)

→

日付：＿＿＿＿＿＿＿＿＿＿＿＿＿＿＿＿＿＿＿＿ 名前：＿＿＿＿＿＿＿＿＿＿＿＿＿＿＿＿＿＿＿＿

▶めり

①＿＿＿＿＿＿＿＿＿＿＿＿

・子となり給ふべき人な(る)めり。(竹取物語) →

・少し覚えたる所あれば、子なめりと見給ふ。(源氏物語)

→

・あはれに言ひ語らひて泣くめれど、涙落つとも見えず。(大鏡)

→

②＿＿＿＿＿＿＿＿＿＿＿＿

・「もののあはれは秋こそまされ」と人ごとに言ふめれど、(徒然草)

→

・このごろ上手にすめる千枝(ちえだ)・常則(つねのり)などを召して、作り絵使ふ奉(まつ)らせばや (源氏物語)

→

▶らし：＿＿＿＿＿＿＿＿＿＿＿＿

・春過ぎて夏来たるらし、白妙(しろたへ)の衣干(ほ)したり天(あま)の香具山(かぐやま) (万葉集28) ※過ぐ・来・干す

→

・百年に一年足らぬ江浦草髪(つくもがみ)、我を恋(こ)ふらし面影に見ゆ (伊勢物語)

※足る・つくもがみ(＝九十九髪)・見ゆ

→

日付：＿＿＿＿＿＿＿＿＿＿＿＿＿＿ 名前：＿＿＿＿＿＿＿＿＿＿＿＿＿＿

▶なり

①＿＿＿＿＿＿＿＿＿＿＿＿＿

・おのが身はこの国の人にもあらず。月の都の人なり (竹取物語)

→

・この池といふは所の名なり。よき人の男につきて下りて、住みけるなり (土佐日記)

→

・富士の山はこの国なり (更級日記)

→

②＿＿＿＿＿＿＿＿＿＿＿＿＿

・壺(つぼ)なる御薬奉(たてまつ)れ (竹取物語)

→

▶たり：＿＿＿＿＿＿＿＿＿＿＿＿＿

・五日のあかつきに、兄人(せうと)たる人、ほかより来て (蜻蛉日記)

→

・清盛(きよもり)、嫡男(ちやくなん)たるによって、その跡をつぐ (平家物語)

→

▶ごとし

①

・…奈良の都は咲く花のにほふがごとく今盛りなり (万葉集)

→

・道に長じぬる一言、神のごとしと人思へり。(徒然草)

→

②

・土産(とさん)、粮料(ろうれい)ごときの物をも乞(こ)ひ給へかし。(平家物語)

→

日付：　　　　　　　　　　　　　　名前：

(1)今は昔、竹取の翁といふものありけり。

→

(2)野山にまじりて竹を取りつつ、よろづのことに使ひけり。

→

(3)名をば、讃岐の造となむいひける。

→

(4)その竹の中に、もと光る竹なむ一筋ありける。

→

(5)怪しがりて、寄りて見るに、筒の中光りたり。

→

日付：　　　　　　　　　　　　　　　　　　　　名前：

(1)此は七月十五日の夜、若き飛び上りの後先知らざる男一両人申やうは

(2)「いざや方々、一休和尚の方へ行き、夜すがら慰さまむ」と申す。

(3)一人が申やう「されば我らもさやうに存ずる処、よくこそ申し出されたり」。

(4)かの房主(＝坊主)も「憂き事なれば、今宵は殊更十五日、いざ行かむ」とて、

(5)打ち連れてゆくほどに折節一休寺におはして「何れもよくこそ出られたり」とて、

(6)はや盃を出されて、舞ひつ謡ひつするまゝ、一休立てぞ踊られける。

(7)竹の切節の溜水、澄まず濁らず出ず入らず、人と契らば薄く契りて末まで遂げよ。

(8)紅葉の葉を見よ、薄いが散るか、濃きぞ先ず散るもので候ふ。

(9)劣れる人々よ、若きが再びある身かや。

(10)たゞ何事も若き時には誰もかも乱るる折はあるものよ。

(11)それも苦しひものにてあらず。何を嘆くぞ川柳、嘆かば嘆かむまでよ。

(12) 扨、踊り収め給ひけり。皆是を見て、御坊の踊り久しうて見申たり。

(13)一休和尚、十二三の時、師の坊につかへて、物読み手習ひなどしておはせしに、

(14)折節夜覚むれば、師の坊、乾鮭を羹として、たゞひとり参りて、

(15)一休へは豆腐やうの物参らせられけるに、

(16)一休これ見て「出家は生臭き物を食はざる由承りしが、

(17)和尚は乾鮭をまいる。我らも食べむ」と申されけり。

(18)師の坊おかしく思し召し、「汝らがやうなる小僧の身として、

(19)なまぐさもの食ふ時は、たちまち罰あたるなり」と仰られければ、

(20)一休眉を顰みて、しばらく思案して申さるゝは、

(21)「おなじ人間の身として、小僧の身のみ罰あたらむや、

(22)老僧こそ生臭き物参らば、罰はあたるべけれ」とて、あざ笑ひておはしければ、

(23)師の坊宣ふは、「幼けなき身として、心竹たる言ひやうかな。

(24)されば老僧とて御ゆるしはなけれども我らは引導して食ふなり」と言ひ給へば、

(25)一休「其引導いかなることやらん、少し見給りたし」と申されければ、

(26)「汝は小癪(こしゃく)なる人や、いで、引導してきかせん」とて、

(27)一盃盛りたる乾鮭(からざけ)捧げて、箸おっとりのべて伸べてこれこれ宣ふ。

(28)一休つくづくと聞て、又眉を顰めて思案して、夜の明くるを待兼ねて、

いそぎ魚の棚へ走りゆきて、したゝかなる鯉買とり来。

Ⅲ

부록 및 참고문헌 付録および参考文献

付録

▶고전문학 주요 작품

고전문학작품 중에서 주요 작품을 몇몇 선정해 본문 일부를 제시했다. 본문은 『新編日本古典文学全集』小学館을 이용했으며 편의상 읽기 쉽도록 부호(쉼표 및 마침표)를 추가하거나 가나표기를 한자로 바꾼 부분이 있다.

❖ 古今和歌集 (平安時代913年ごろ成立、歌集(和歌))

p.17

(1)やまとうたは、人の心を種として、万の言の葉とぞなれりける。

(2)世の中にある人、ことわざ繁きものなれば、心に思ふことを、見るもの聞くものにつけて、言ひ 出せるなり。

(3)花に鳴く鶯、水に住む蛙の声を聞けば、生きとし生けるもの、いづれか歌をよまざりける。

(4)力をも入れずして天地を動かし、目に見えぬ鬼神をもあはれと思はせ、男女の中を和らげ、猛き武士の心をも慰むるは歌なり。

❖ 竹取物語(たけとりものがたり) (平安時代9世紀末ごろ成立、物語)

pp.17-19

〈竹取の翁の紹介とかぐや姫のおいたち〉

(1)いまはむかし、たけとりの翁(おきな)といふものありけり。

(2)野山にまじりて竹をとりつつ、よろづのことにつかひけり。

(3)名をば、さぬきのみやつことなむいひける。

(4)その竹の中に、もと光る竹なむ一(ひと)すぢありける。

(5)あやしがりて寄りて見るに、筒(つつ)の中(なか)光りたり。

(6)それを見れば、三寸ばかりなる人、いとうつくしうてゐたり。

(7)翁いふやう、「我(われ)朝(あさ)ごと夕ごとに見る竹の中におはするにて知りぬ。子になりたまふべき人なめり」とて、手にうち入れて、家へ持ちて来(き)ぬ。

(8)妻(め)の嫗(おうな)にあづけてやしなはす。

(9)うつくしきこと、かぎりなし。

(10)いとをさなければ籠(こ)に入れてやしなふ。

(11)たけとりの翁(おきな)、竹を取るに、この子を見つけて後(のち)に竹取るに、節(ふし)をへだててよごとに黄金(こがね)ある竹を見つくることかさなりぬ。

(12)かくて翁やうやうゆたかになりゆく。

(13)この児(ちご)、やしなふほどに、すくすくと大きになりまさる。

(14)三月ばかりになるほどに、よきほどなる人になりぬれば、髪あげなどとかくして、髪あげさせ、裳着す。

(15)帳の内よりもいださず、いつきやしなふ。

(16)この兒のかたち顕証なること世になく、屋の内は暗き所なく光り滿ちたり。

(17)翁、心地悪しく苦しき時も、この子を見れば苦しきこともやみぬ。

(18)腹立たしきこともなぐさみけり。翁、竹を取ること久しくなりぬ。

(19)勢、猛の者になりにけり。

(20)この子いと大きになりぬれば、名を御室戸斎部の秋田をよびて、つけさす。

(21)秋田、なよ竹のかぐや姫とつけつ。

(22)このほど、三日、うちあげ遊ぶ。よろづの遊びをぞしける。

(23)男はうけきらはず招び集へて、いとかしこく遊ぶ。

〈多くの貴公子たち、争って求婚す〉

(1)世界の男、あてなるも、賎しきも、いかでこのかぐや姫を得てしがな、見てしかなと、音に聞きめでて惑ふ。

(2)そのあたりの垣にも家の門にも、をる人だにたはやすく見るまじきものを、夜は安きいも寝ず、闇の夜にいでて、穴をくじり、垣間見、惑ひあへり。

(3)さる時よりなむ、「よばひ」とはいひける。

❖土佐日記(ときにっき) (平安時代935年ごろ成立、紀行日記)

pp.15-17

(1)男もすなる日記(にき)といふものを、女(をむな)もしてみむとてするなり。

(2)それの年の師走(しはす)の二十日(はつか)あまり一日(ひとひ)の、戌(いぬ)の時に門出(かどで)す。

(3)そのよし、いささかにものにかきつく。

〈船路なれど馬(むま)のはなむけ〉

(1)ある人県(あがた)の四年(よとせ)五年(いつとせ)果てて例のことども皆し終(を)へて、解由(げゆ)など取りて、住む館(たち)より出(い)でて、船に乗るべき所へわたる。

(2)かれこれ、知る知らぬ、送りす。

(3)年ごろよくくらべつる人々なむ、別れがたく思ひて、その日しきりにとかくしつつ、ののしるうちに夜更けぬ。

(4)二十二日に、和泉(いづみ)の国までと平らかに願(ぐわん)立つ。

(5)藤原(ふぢはら)のときざね、船路(ふなぢ)なれど馬(むま)のはなむけす。

(6)上、中、下ながら酔ひ飽(あ)きて、いとやさしく、塩海(しほうみ)のほとりにてあざれあへり。

(7)二十三日、八木(やぎ)のやすのりといふ人あり。

(8)この人国にかならずしもいひ使ふ者にもあらざなり。

(9)これぞ、たたはしきやうにて、馬(むま)のはなむけしたる。

(10)守がらにやあらむ、国人の心の常として、いまはとて見えざなるを、心ある者は、恥ぢずにな
む来ける。

(11)これは、物によりて褒むるにしもあらず。

(12)二十四日、講師、馬のはなむけしに出でませり。

(13)ありとある上、下、童まで酔ひ痴れて、一文字をだに知らぬ者、しが足は十文字に踏みて
ぞ遊ぶ。

(14)二十五日、なほ守の館より、呼びに文もて来たなり。

(15)呼ばれて到りて、日一日、夜一夜、とかく遊ぶやうにて明けにけり。

(16)二十六日、なほ守の館にて饗宴しののしりて、郎等までに物かづけたり。

(17)漢詩、声あげていひけり。

(18)和歌、主も客人も、こと人もいひあへりけり。

(19)漢詩はこれにえ書かず。和歌、主の守のよめりける、

(20)《みやこいでて君にあはむと来しものを来しかひもなく別れぬるかな》

(21)となむありければ、帰る前の守のよめりける、

(22)《しろたへの浪路を遠く行き交ひてわれに似べきはたれならなくに》

(23)こと人々のもありけれど、さかしきもなかるべし。

(24)とかくいひて、前の守、今のも、もろともに降りて、今の主も前のも、手取り
交して、酔ひ言にこころよげなる言して、出で入りにけり。

pp.54-56

(1)かくて京へ行くに、島坂にて人饗応したり。かならずしもあるまじきわざなり。

(2)発ちて行きし時よりは、来る時ぞ人はとかくありける。これにも返り事す。

(3)夜になして、京には、入らむと思へば、急ぎしもせぬほどに、月出でぬ。

(4)桂川、月の明きにぞわたる。

(5)人々のいはく、「この川、飛鳥川にあらねば、淵瀬さらに変はらざりけり」といひて、ある人のよめる歌、

《ひさかたの月に生ひたる桂川底なる影も変はらざりけり》

(6)また、ある人のいへる、

《天雲のはるかなりつる桂川袖をひてでもわたりぬるかな》

(7)また、ある人、よめり。

《桂川わが心にもかよはねど同じ深さにながるべらなり》

(8)京のうれしきあまりに、歌もあまりぞ多かる。

(9)夜更けて来れば、ところどころも見えず。京に入りたちてうれし。

(10)家に到りて、門に入るに、月明ければ、いとよく有様見ゆ。

(11)聞きしよりもまして、いふかひなくぞ、こぼれ破れたる。

(12)家にあづけたりつる人の心も、荒れたるなりけり。

(13)中垣(なかがき)こそあれ、一つ家のやうなれば、望みてあづかれるなり。

(14)さるは、たよりごとに物も絶えず得させたり。

(15)今宵(こよひ)、「かかること」と、声高(こわだか)にものもいはせず。

(16)いとはつらく見ゆれど、志(こころざし)はせむとす。

(17)さて、池めいて窪(くぼ)まり、水つけるところあり。ほとりに松もありき。

(18)五年(いつとせ)六年(むとせ)のうちに、千歳(ちとせ)や過ぎにけむ、かたへはなくなりにけり。

(19)今生(お)ひたるぞまじれる。

(20)おほかたの、みな荒れにたれば、「あはれ」とぞ、人々いふ。

(21)思ひ出でぬことなく、思ひ恋しきがうちに、この家にて生まれし女子(をむなご)の、もろともに帰らねば、いかがは悲しき。船人(ふなびと)も、みな子たかりてののしる。

(22)かかるうちに、なほ悲しきに堪(た)へずして、ひそかに心知れる人といへりける歌、

《生(む)まれしも帰らぬものをわが宿に小松のあるを見るが悲しさ》とぞいへる。

(23)なほ、飽(あ)かずやあらむ、またかくなむ、

《見し人の松の千歳に見ましかば遠く悲しき別れせましや》

(24)忘れがたく、口惜(くちを)しきこと多かれど、え尽くさず。

(25)とまれかうまれ、とく破(や)りてむ。

❖ 伊勢(いせ)物語 (平安時代10世紀中ごろ成立、歌物語)

pp.113-114

〈初冠〉

(1)むかし、男(をとこ)、初冠(うひかうぶり)して、奈良の京(きやう)春日(かすが)の里に、しるよしして、狩(かり)にいにけり。

(2)その里に、いとなまめいたる女(をんな)はらからすみけり。

(3)この男かいまみてけり。

(4)思ほえず、ふる里にいとはしたなくてありければ、心地(ここち)まどひにけり。

(5)男の、着たりける狩衣(かりぎぬ)の裾(すそ)をきりて、歌を書きてやる。

(6)その男、信夫摺(しのぶずり)の狩衣をなむ着たりける。

(7)《春日野(かすがの)の若むらさきのすりごろもしのぶの乱れかぎりしられず》となむおひつきていひやりける。

(8)ついでおもしろきことともや思ひけむ。

(9)《みちのくのしのぶもぢずりたれゆゑに乱れそめにしわれならなくに》といふ歌の心ばへなり。

(10)昔人(むかしびと)は、かくいちはやきみやびをなむしける。

＜西の京＞

(1)むかし、男ありけり。

(2)奈良の京(きやう)ははなれ、この京は人の家まだ定まらざりける時に西の京に女ありけり。

(3)その女、世人(よひと)にはまされりけり。

(4)その人、かたちよりは心なむまさりたりける。

(5)ひとりのみもあらざりけらし。

(6)それをかのまめ男、うち物語(ものがた)らひて、かへり来て、いかが思ひけむ、時は三月(やよひ)のついたち、雨そほふるにやりける。

(7)《おきもせず寝(ね)もせで夜(よる)をあかしては春のものとてながめくらしつ》

pp.120-123

〈東下り〉

(1)むかし、男ありけり。

(2)その男、身をえうなきものに思ひなして、京にはあらじ、あづまの方(かた)にすむべき国もとめにとてゆきけり。

(3)もとより友とする人、ひとりふたりしていきけり。

(4)道しれる人もなくて、まどひいきけり。

(5)三河(みかは)の国八橋(やつはし)といふ所にいたりぬ。

(6)そこを八橋といひけるは、水ゆく河のくもでなれば、橋を八つわたせるによりてなむ、八橋といひける。

(7)その沢のほとりの木のかげにおりゐて、かれいひ食ひけり。

(8)その沢にかきつばたいとおもしろく咲きたり。

(9)それを見て、ある人のいはく、「かきつばた、といふ五文字(いつもじ)を句のかみにすゑて、旅の心をよめ」といひければ、よめる。

(10)《から衣(ころも)きつつなれにしつましあればはるばるきぬるたびをしぞ思ふ》とよめりければ、みな人、かれいひの上に涙おとしてほとびにけり。

(11)ゆきゆきて、駿河(するが)の国にいたりぬ。

(12)宇津(うつ)の山にいたりて、わが入(い)らむとする道は、いと暗う細きに、蔦(つた)かへでは茂り、もの心細く、すずろなるめを見ることと思ふに、修行者(しぎやうざ)あひたり。

(13)「かかる道はいかでかいまする」といふを見れば、見し人なりけり。

(14)京に、その人の御もとにとて、文(ふみ)かきてつく。

《駿河なるうつの山辺(やまべ)のうつつにも夢にも人にあはぬなりけり》

(15)富士の山を見れば、五月(さつき)のつごもりに、雪いと白うふれり。

《時しらぬ山は富士の嶺(ね)いつとてか鹿子(かのこ)まだらに雪のふるらむ》

(16)その山は、ここにたとへば、比叡(ひえ)の山を二十(はたち)ばかり重ねあげたらむほどして、なりは塩尻(しおじり)のやうになむありける。

(17)なほゆきゆきて、武蔵(むさし)の国と下(しも)つ総(ふさ)の国とのなかに、いと大(おほ)きなる河あり。それをすみだ河といふ。

(18)その河のほとりにむれゐて、思ひやれば、

(19)かぎりなく遠くも来(き)にけるかな、とわびあへるに、

(20)渡守(わたしもり)、「はや船に乗れ、日も暮れぬ」といふに、乗りて渡らむとするに、みな人ものわびしくて、京に思ふ人なきにしもあらず。

(21)さるをりしも、白き鳥の、はしとあしと赤き、鴫(しぎ)の大きさなる、水の上に遊びつつ魚(いを)をくふ。

(22)京には見えぬ鳥なれば、みな人見しらず。

(23)渡守に問ひければ、「これなむ都鳥(みやこどり)」といふを聞きて、

(24)《名にしおはばいざ言問(こと と)はむみやこどりわが思ふ人はありやなしやと》とよめりければ、船こぞりて泣きにけり。

pp.135-138

〈筒井筒〉

(1)むかし、うぃなかわたらひしける人の子ども、井(ゐ)のもとにいでて遊びけるを、おとなになりにければ、

(2)男も女もはぢかはしてありけれど、男はこの女をこそ得めと思ふ。

(3)女はこの男をと思ひつつ、親のあはすれども、聞かでなむありける。

(4)さて、このとなりの男のもとよりかくなむ、

《筒井(つつゐ)つの井筒(ゐづつ)にかけしまろがたけ過ぎにけらしな妹(いも)見ざるまに》

(5)女、返し、

《くらべこしふりわけ髪(がみ)も肩すぎぬ君(きみ)ならずしてたれかあぐべき》

などいひいひて、つひに本意(ほい)のごとくあひにけり。

(6)さて、年ごろふるほどに、女、親なく、頼りなくなるままに、もろともにいふかひなくてあらむやはとて、

(7)河内の国、高安の郡に、いき通ふ所いできにけり。

(8)さりけれど、このもとの女、あしと思へるけしきもなくて、いだしやりければ、

(9)男、こと心ありてかかるにやあらむと思ひうたがひて、前栽のなかにかくれゐて、

(10)河内へいぬるかほにて見れば、この女、いとよう化粧じて、うちながめて、

《風吹けば沖つしら浪たつた山夜半にや君がひとりこゆらむ》

(11)とよみけるを聞きて、かぎりなくかなしと思ひて、河内へもいかずなりにけり。

(12)まれまれかの高安に来て見れば、はじめこそ心にくもつくりけれ、

(13)いまはうちとけて、手づから飯匙とりて、笥子のうつはものにもりけるを見て、心憂がりて、いかずなりにけり。

(14)さりければ、かの女、大和の方を見やりて、

《君があたり見つつを居らむ生駒山雲なかくしそ雨はふるとも》

(15)といひて見いだすに、からうじて、大和人、「来む」といへり。

(16)よろこびて待つに、たびたび過ぎぬれば、

《君来むといひし夜ごとに過ぎぬれば頼まぬものの恋ひつつぞふる》

といひけれど、男、すまずなりにけり。

❖ 落窪物語 (平安時代10世紀末ごろ成立、物語)

pp.17-18

(1)今は昔、中納言なる人の、女あまた持たまへるおはしき。

(2)大君、中の君には婿どりして、西の対、東の対に、はなばなとして住ませたてまつりたまふに、

(3)「三、四の君に裳着せたてまつりたまはむ」とて、かしづきそしたまふ。

(4)また、時々通ひたまひけるわかうどほり腹の君とて、母もなき御女おはす。

(5)北の方、心やいかがおはしけむ、つかうまつる御達の数にだに思さず、

(6)寝殿の放出の、また一間なる落窪なる所の、二間なるになむ住ませたまひける。

(7)「君達」とも言はず、「御方」とは、まして言はせたまふべくもあらず。

(8)＜名をつけむ＞とすれば、さすがに、＜おとどの思す心あるべし＞と、つつみたまひて、「落窪の君と言へ」とのたまへば、人々もさ言ふ。

(9)おとども、児よりらうたくや思しつかずなりにけむ、まして北の方の御ままにて、わりなきこと多かりけり。

(10)はかばかしき人もなく、乳母もなかりけり。

(11)ただ、親のおはしける時より使ひつけたる童の、されたる女、「後見」とつけて使ひたまひける。

(12)あはれに思ひかはして、片時離れず。

⒀さるは、この君のかたちは、かくかしづきたまふ御女どもよりもおとるまじけれ

ど、出で交らふことなくて、＜あるもの＞とも知る人なし。

pp.112-114

⑴北の方、さすがに、＜日に一度物食はせむ。

⑵物縫ひにより命は殺さじ＞と思ひて、典薬助を人間に呼びて、

⑶「かうかうなむ。しかじかのことあれば籠め置きたるを。さる心思ひたまへ」と語らひたまへ

ば、＜いともいともうれし。いみじ＞と思ひて、口は耳もとまで笑みま

げてゐたり。

⑷「夜さり、かのゐたる部屋へおはせ」など契り頼めたまふに、人来れば、去りぬ。

⑸あこきがもとに、少将の御文あり。

⑹「いかに。＜その部屋はあくや＞と、いみじくなむ。なほ便宜あらば告げられよ。

⑺さりぬべくは、必ず必ず奉りたまひて、御返りあらば、慰むべき。

⑻いとあはれなることを思ふに」とあり。

⑼正身におろかならず、いみじきことを書きたまひて、「いと心細げなりし御消息を思ひ出づる

に、いとわりなくなむ。

⑽《命だにあらばと頼むあふことを絶えぬといふぞいと心うき》

わが君、心強く思し慰め。もろともだに籠めなむ」と書きたまへり。

(11)帯刀も「さらに、このことを思ふに、心地もいとあしくてなむ、臥してはべる。

(12)＜いかに思ほすらむ＞と、かたはらいたくいとほしきに、法師にもなりぬべくなむ」と書きておこせたり。

(13)あこき、御返り、「かしこまりてなむ。いかでか御覧ぜさせはべらむ。

(14)戸はいまだあきはべらず。さらにいとかたくなむ。いかにしはべらむ。

(15)御文も＜いかでか御覧ぜさせはべらむ＞とすらむ。

(16)御返りはこれよりも聞えさせはべらむ」と聞ゆ。

(17)帯刀がもとにも、同じさまにいみじきことをなむ、言へりける。

(18)「二の巻にぞ、ことごともあべかめる」とぞある。

pp.132-133

(1)北の方、鍵を典薬に取らせて、「人の寝静まりたらむ時に入りたまへ」とて、寝たまひぬ。

(2)皆人々静まりぬる折に、典薬、鍵を取りて来て、さしたる戸あく。

(3)＜いかならむ＞と胸つぶる。

(4)錠あけて遣戸あくるに、いとかたければ、立ち居ひろろぐほどに、あこき聞きて、少し遠隠れて見たるに、上下さぐれど、さしたるほどをさぐりあてず。

(5)「あやしあやし。戸内にさしたるか。翁をかく苦しめたまふにこそありけれ。

(6)人も皆許したまへる身なれば、え逃れたまはじものを」と言へど誰かはいらへむ。

(7)打ち叩き、押し引けど、内外につめてければ、揺ぎだにせず。

(8)＜今や今や＞と、夜ふくるまで板の上にゐて、冬の夜なれば、身もすくむ心地す。

(9)そのころ腹そこなひたるうへに、衣いと薄し。

(10)板の冷えのぼりて、腹こぼこぼと鳴れば、翁、「あなさがな。

(11)冷えこそ過ぎにけれ」と言ふに、しひてごぼめきて、「ひちひち」と聞ゆるは、＜いかなるにかあらむ＞と疑はし。

(12)かい探りて、「出でやする」とて、尻をかかへて惑ひ出づる心地に、錠をついさして、鍵をば取りて往ぬ。

(13)あこぎ、＜鍵おかずなりぬるよ＞と、あいなく憎く思へど、あかずなりぬるを限りなくうれしくて遣戸のもとに寄りて「ひりかけして往ぬれば、よもまうで来じ。

(14)大殿ごもりね。曹司に帯刀まうで来たれるを、君の御返事も聞えはべらむ」と言ひかけて、下におりぬ。

❖ 枕草子 (平安時代1001年ごろ成立、随筆)

pp.25-26

(1)春はあけぼの。やうやうしろくなりゆく山ぎは、すこしあかりて、紫だちたる雲のほそくたなびきたる。

(2)夏は夜。月のころはさらなり、闇もなほ、蛍のおほく飛びちがひたる。

(3)また、ただ一つ二つなど、ほのかにうち光りて行くもをかし。

(4)雨など降るもをかし。

(5)秋は夕暮。夕日のさして山の端いと近うなりたるに、烏のねどころへ行くとて、三つ四つ、二つ三つなど飛びいそぐさへあはれなり。

(6)まいて雁などのつらねたるが、いと小さく見ゆるは、いとをかし。

(7)日入り果てて、風の音、虫の音など、はた言ふべきにあらず。

(8)冬はつとめて。雪の降りたるは言ふべきにもあらず、霜のいと白きも、またさらでもいと寒きに、火などいそぎおこして、炭持てわたるもいとつきづきし。

(9)昼になりて、ぬるくゆるびもていけば、火桶の火も、白き灰がちになりてわろし。

pp.32-33

〈思はむ子を〉

(1)思はむ子を法師になしたらむこそ心苦しけれ。

(2)ただ木の端などのやうに思ひたるこそ、いといとほしけれ。

(3)精進物のいとあしきをうち食ひ、寝ぬるをも、若きは物もゆかしからむ。

(4)女などのある所をも、などか忌みたるやうに、さしのぞかずもあらむ。

(5)それをもやすからず言ふ。まいて、験者などはいと苦しげなめり。

(6)困じてうちねぶれば、「ねぶりをのみして」などもどかる、いと所せく、いかにおぼゆらむ。これは昔の事なめり。今はいとやすげなり。

pp.64-66

〈にくきもの〉

(1)いそぐ事あるをりに来て、長言するまらうど、あなづりやすき人ならば、「後に」とてもやりつべけれど、心はづかしき人、いとにくくむつかし。

(2)硯に髪の入りて磨られたる。また、墨の中に、石のきしきしときしみ鳴りたる。

(3)にはかにわづらふ人のあるに、験者もとむるに、例ある所にはなくて、

(4)ほかにたづねありくほど、いと待ち遠に久しきに、からうじて待ちつけて、

(5)よろこびながら加持せさするに、このごろ物の怪にあづかりて、困じにけるにや、ゐるままにすなはちねぶり声なる、いとにくし。

(6)なでふことなき人のゑがちにて物いたう言ひたる。

(7)火桶(ひをけ)の火、炭櫃(すびつ)などに手のうらうち返しうち返し、押しのべなどして、あぶりをる者。いつか若やかなる人など、さはしたりし。

(8)老いばみたる者こそ、火桶のはたに足をさへもたげて、物言ふままに押しすりなどはすらめ。

(9)さやうの者は人のもとに来て、ゐむとする所を、まづ扇(あふぎ)してこなたかなたあふぎちらして塵(ちり)掃(は)き捨て、ゐも定まらずひろめきて、狩衣(かりぎぬ)の前、まき入れてもゐるべし。

(10)かかる事は、いふかひなき者のきはにやと思へど、すこしよろしき者の式部(しきぶ)の大夫(たいふ)などいひしが、せしなり。

(11)また、酒飲みてあめき、口をさぐり、髯(ひげ)ある者は、それを撫(な)で、杯(さかづき)、こと人にとらするほどのけしき、いみじうにくしと見ゆ。

(12)「また飲め」といふなるべし、身ぶるひをし、頭(かしら)ふり、口わきをさへ引(ひ)き垂(た)れて、童(わらは)べの「こふ殿(との)にまゐりて」などうたふやうにする。

(13)それはしも、まことによき人のしたまひしを見しかば、心づきなしと思ふなり。

(14)物うらやみし、身の上(うへ)嘆き、人の上言ひ、つゆ塵(ちり)の事もゆかしがり、聞かまほしうして、言ひ知らせぬをば怨(ゑん)じそしり、

(15)また、わづかに聞き得たる事をば、われもとより知りたる事のやうに、こと人にも語りしらぶるもいとにくし。

pp.70-71

〈心ゆくもの〉

(1)よくかいたる女絵の、ことばをかしうつけておほかる。

(2)物見のかへさに、乗りこぼれて、をのこどもいとおほく、牛よくやる者の車走らせたる。

(3)白く清げなるみちのくに紙に、いといと細う書くべくはあらぬ筆して、文書きたる

(4)うるはしき糸の練りたる、あはせぐりたる。

(5)調半に調おほくうち出でたる。

(6)物よく言ふ陰陽師して、河原に出でて、呪詛の祓したる。

(7)夜寝起きて飲む水。つれづれなるをりに、いとあまりむつましうもあらぬまらうどの来て、

(8)世の中の物語、このごろある事の、をかしきも、にくきも、あやしきも、これかれにかかりて、

(9)おほやけわたくしおぼつかなからず、聞きよきほどに語りたるいと心ゆく心地す。

(10)神・寺などに詣でて物申さするに、寺は法師、社は禰宜などの、くらからずさわやかに、思ふほどにも過ぎて、とどこほらず聞きよう申したる。

pp.98-100

(1)虫は鈴虫。蜩。蝶。松虫。きりぎりす。はたおり。われから。ひをむし。蛍。蓑虫、いとあはれなり。

(2)鬼の生みたりければ、親に似て、これもおそろしき心あらむとて、親のあやしき衣ひき着せて、

(3)「いま秋風吹かむをりぞ来むとする。待てよ」と言ひおきて、逃げていにけるも知らず、風の音を聞き知りて、

(4)八月ばかりになれば「ちちよ、ちちよ」とはかなげに鳴く、いみじうあはれなり。

(5)額づき虫、またあはれなり。さる心地に道心おこして、つきありくらむよ。

(6)思ひかけず、暗き所などにほとめきありきたるこそをかしけれ。

(7)蠅こそにくき物のうちに入れつべく、愛敬なきものはあれ。

(8)人々しうかたきなどにすべき物のおほきさにはあらねど、秋などただよろづの物にゐ、顔などに、濡れ足してゐるなどよ。人の名につきたる、いとうとまし。

(9)夏虫、いとをかしうらうたげなり。

(10)火近う取り寄せて物語など見るに、草子の上などに飛びありく、いとをかし。

(11)蟻はいとにくけれど、かろびいみじうて、水の上などをただ歩みに歩みありくこそをかしけれ。

pp.382-383

⑴よろづの事よりも情(なさけ)あるこそ、男(をとこ)はさらなり、女(をんな)もめでたくおぼゆれ。

⑵なげのことばなれど、せちに心にふかく入(い)らねど、いとほしきことをば「いとほし」とも、あはれなるをば「げにいかに思ふらむ」など言ひけるを、

⑶伝へて聞きたるは、さし向ひて言ふよりもうれし。

⑷いかでこの人に、思ひ知りけりとも見えにしがな、と常にこそおぼゆれ。

⑸かならず思ふべき人、とふべき人はさるべき事なれば、とり分かれしもせず。

⑹さもあるまじき人の、さしいらへをもうしろやすくしたるは、うれしきわざなり。

⑺いとやすき事なれど、さらにえあらぬ事ぞかし。

⑻おほかた心よき人の、まことにかどなからぬは、男(をとこ)も女もありがたき事なめり。

⑼また、さる人もおほかるべし。

❖ 源氏物語 (平安時代1001～10年ごろ成立、物語)

p.17

(1)いづれの御時にか、女御、更衣あまたさぶらひ給ひける中に、いとやむごとなき際にはあらぬが、すぐれて時めき給ふありけり。

(2)はじめより我はと思ひあがりたまへる御方々、めざましきものにおとしめそねみたまふ。同じほど、それより下臈の更衣たちはましてやすからず。

(3)朝夕の宮仕につけても、人の心を動かし、恨みを負ふつもりにやありけん、

(4)いとあつしくなりゆき、もの心細げに里がちなるを、いよいよあかずあはれなるものに思ほして、

(5)人の譏りをもえ憚らせたまはず、世の例にもなりぬべき御もてなしなり。

(6)上達部、上人などもあいなく目を側めつつ、いとまばゆき人の御おぼえなり。

pp.205-207

(1)日も、いと長きにつれづれなれば、夕暮のいたう霞みたるにまぎれて、かの小柴垣のもとに立ち出でたまふ。

(2)人々は、帰したまひて、惟光朝臣と、のぞきたまへば、ただ、この西面にしも、持仏すゑたてまつりて行ふ尼なりけり。

(3)簾垂(すだれ)すこし上げて、花奉るめり。

(4)中の柱に寄りゐて、脇息(けふそく)の上に経を置きて、いとなやましげに読みゐたる尼君、ただ人と見えず。

(5)四十余(よ)ばかりにて、いと白うあてに、痩(や)せたれど、つらつきふくらかに、まみのほど、髪のうつくしげにそがれたる末(すゑ)も、

(6)なかなか長きよりもこよなういまめかしきものかな、とあはれに見たまふ。

(7)きよげなる大人(おとな)二人ばかり、さては童(わらは)べぞ出で入り遊ぶ。

(8)中に、十ばかりにやあらむと見えて、白き衣(きぬ)、山吹などの萎(な)えたる着て走り来たる女子(をむなご)、あまた見えつる子どもに似るべうもあらず、

(9)いみじく生(お)ひ先見えてうつくしげなる容貌(かたち)なり。

(10)髪は扇(あふぎ)をひろげたるやうにゆらゆらとして、顔はいと赤くすりなして立てり。

(11)尼君「何事ぞや。童べと腹立ちたまへるか」とて、尼君の見上げたるに、すこしおぼえたるところあれば、子なめりと見たまふ。

(12)紫「雀(すずめ)の子を犬君(いぬき)が逃がしつる、伏籠(ふせご)の中(うち)に籠(こ)めたりつるものを」とて、「いと口惜(くちを)し」と思へり。

(13)このゐたる大人(おとな)、「例の、心なしのかかるわざをしてさいなまるるこそいと心づきなけれ。

(14)いづ方(かた)へかまかりぬる。いとをかしうやうやうなりつるものを。烏(からす)などもこそ見つくれ」とて、立ちて行く。

(15)髪ゆるるかにいと長く、めやすき人なめり。

(16)少納言の乳母(めのと)とぞ人言ふめるは、この子の後見(うしろみ)なるべし。

(17)尼君、「いで、あな、幼(をさな)や。言ふかひなうものしたまふかな。

(18)おのがかく今日(けふ)明日(あす)におぼゆる命をば何とも思したらで、雀慕(した)ひたまふほどよ。

(19)罪得(つみう)ることぞと常に聞ゆるを心憂(こころう)く」とて尼君「こちや」と言へばついゐたり。

(20)つらつきいとらうたげにて、眉(まゆ)のわたり、うちけぶり、いはけなくかいやりたる額(ひたひ)つき、髪ざしいみじううつくし。

(21)ねびゆかむさまゆかしき人かな、と目とまりたまふ。

(22)さるは、限りなう心を尽くしきこゆる人にいとよう似たてまつれるがまもらるるなりけり、と思ふにも、涙ぞ落つる。

pp.258-259

(1)君は二三日内裏(うち)へも参りたまはで、この人をなつけ語らひきこえたまふ。

(2)やがて本(ほん)にと思すにや、手習(てならひ)・絵などさまざまにかきつつ見せたてまつりたまふ。

(3)いみじうをかしげにかき集めたまへり。

(4)「武蔵野(むさしの)といへばかこたれぬ」と、紫の紙に書いたまへる墨つきのいとことなるを取りて見ゐたまへり。すこし小さくて、

(5)《ねは見ねどあはれとぞ思ふ武蔵野の露わけわぶる草のゆかりを》とあり。

(6)源氏「いで君も書いたまへ」とあれば、紫「まだようは書かず」とて、見上げたまへるが何心なくうつくしげなれば、うちほほ笑みて、

(7)源氏「よからねど、むげに書かぬこそわろけれ。教へきこえむかし」と宣へば、

(8)うちそばみて書いたまふ手つき、筆とりたまへるさまの幼げなるも、らうたうのみおぼゆれば、心ながらあやしと思す。

(9)紫「書きそこなひつ」と恥ぢて隠したまふを、せめて見たまへば、

(10)《かこつべきゆゑを知らねばおぼつかないかなる草のゆかりなるらん》と、いと若けれど、生ひ先見えてふくよかに書いたまへり。

(11)故尼君のにぞ似たりける。

(12)いまめかしき手本習はば、いとよう書いたまひてむと見たまふ。

(13)雛など、わざと屋ども作りつづけて、もろともに遊びつつ、こよなきもの思ひ紛らはしなり。

❖堤中納言物語 (平安時代後期~鎌倉時代中期、物語)

(1)蝶めづる姫君の住みたまふかたはらに、按察使の大納言の御むすめ、心にくくなべてならぬさまに、親たちかしづきたまふこと限りなし。

(2)この姫君ののたまふこと、「人々の花、蝶やとめづるこそ、はかなくあやしけれ。

(3)人は、まことあり、本地たづねたるこそ、心ばへをかしけれ」とて、よろづの虫のおそろしげなるをとり集めて、

(4)「これが成らむさまを見む」とて、さまざまなる籠箱どもに入れさせたまふ。

(5)中にも「烏毛虫の、心深きさましたるこそ心にくけれ」とて、明け暮は、耳はさみをして、手のうらにそへふせて、まぼりたまふ。

(6)若き人々は、おぢ惑ひければ、男の童のものおぢせず、

(7)いふかひなきを召し寄せて、箱の虫どもを取らせ、名を問ひ聞き、

(8)いま新しきには名をつけて、興じたまふ。

(9)「人はすべて、つくろふところあるはわろし」とて、眉さらに抜きたまはず、

(10)歯黒め、「さらに、うるさし、きたなし」とて、つけたまはず、

(11)いと白らかに笑みつつ、この虫どもを朝夕べに愛したまふ。

(12)人々おぢわびて逃ぐれば、その御方は、いとあやしくなむののしりける。

(13)かくおづる人をば、「けしからず、ばうぞくなり」とて、

(14)いと眉黒にてなむ睨みたまひけるに、いとど心地なむ惑ひける。

(15)親たちは、「いとあやしく、さまことにおはするこそ」と思しけれど、

(16)「思し取りたることぞあらむや。あやしきことぞ。思ひて聞ゆることは、深く、いらへたまへば、いとぞかしこきや」と、これをも、いと恥づかしと思したり。

(17)「さはありとも、音聞きあやしや。人は、みめをかしきことをこそ好むなれ。

(18)『むくつけげなる烏毛虫を興ずなる』と、世の人の聞かむもいとあやし」と聞こえたまへば、

(19)「苦しからず。よろづのことどもをたづねて、末を見ればこそ、事はゆゑあれ。

(20)いとをさなきことなり。烏毛虫の蝶とはなるなり」

(21)そのさまのなり出づるを、取り出でて見せたまへり。

(22)「きぬとて人々の着るも、蚕のまだ羽つかぬにし出だし、

(23)蝶になりぬれば、いともそでにて、あだになりぬるをや」とのたまふに、

(24)言ひ返すべうもあらず、あさまし。

(25)さすがに親たちにもさし向ひたまはず、「鬼と女とは人に見えぬぞよき」と案じたまへり。

(26)母屋の簾を少し巻き上げて、几帳いでたてて、しかくさかしく、言ひ出だしたまふなりけり。

❖徒然草 (鎌倉時代(1330~31年ごろ成立か)、随筆)

p.81

序段

(1)つれづれなるままに、日くらし、硯にむかひて、心にうつりゆくよしなし事を、

(2)そこはかとなく書きつくれば、あやしうこそものぐるほしけれ。

pp.92-93

第一四段

(1)和歌こそ、なほをかしきものなれ。

(2)あやしのしづ・山がつのしわざも、言ひ出でつればおもしろく、おそろしき猪のししも、「ふす猪の床」と言へば、やさしくなりぬ。

(3)この比の歌は、一ふしをかしく言ひかなへたりと見ゆるはあれど、

(4)古き歌どものやうに、いかにぞや、ことばの外に、あはれに、けしきおぼゆるはなし。

(5)貫之が「糸による物ならなくに」と言へるは、古今集の中の歌くづとかや言ひ伝へたれど、今の世の人の詠みぬべきことがらとはみえず。

(6)その世の歌には、姿・言葉、このたぐひのみ多し。

(7)この歌に限りてかく言ひたてられたるも、知りがたし。

(8)源氏物語には、「物とはなしに」とぞ書ける。

(9)新古今には、「残る松さへ峰にさびしき」といへる歌をぞ言ふなるは、まことに、少しくだけたる姿にもや見ゆらん。

(10)されどこの歌も、衆議判の時、よろしきよし沙汰ありて、後にも、ことさらに感じ仰せ下されけるよし、家長が日記には書けり。

(11)歌の道のみ、いにしへに変らぬなどいふ事もあれど、いさや、今も詠みあへる同じ詞・歌枕も、昔の人の詠めるは、さらに同じものにあらず。

(12)やすくすなほにして、姿もきよげに、あはれも深く見ゆ。

(13)梁塵秘抄の郢曲の言葉こそ、又、あはれなる事は多かめれ。

(14)昔の人は、ただ、いかに言ひ捨てたることぐさも、皆いみじく聞ゆるにや。

p.125

第五五段

(1)家の作りやうは、夏をむねとすべし。冬はいかなる所にも住まる。

(2)暑き比わろき住居は、堪へがたき事なり。

(3)深き水は涼しげなし。浅くて流れたる、遥かにすずし。

(4)こまかなる物を見るに、遣戸は蔀の間よりも明し。

(5)天井の高きは、冬寒く、灯暗し。造作は、用なき所をつくりたる、見るも面白く、

(6)万の用にも立ちてよしとぞ、人の定めあひ侍りし。

pp.139-140

第七三段

(1)世に語り伝ふること、まことはあいなきにや、多くは皆虚言なり。

(2)あるにも過ぎて人は物を言ひなすに、まして、年月過ぎ、境も隔たりぬれば、

(3)言ひたきままに語りなして、筆にも書きとどめぬれば、やがて又定まりぬ。

(4)道々の物の上手のいみじき事など、かたくななる人の、その道知らぬは、そぞろに神のごとくに言へども、道知れる人は更に信もおこさず。

(5)音に聞くと見る時とは、何事もかはるものなり。

(6)かつあらはるるをも顧みず口にまかせて言ひ散らすは、やがて浮きたることと聞ゆ。

(7)又、我も誠しからずは思ひながら、人の言ひしままに、鼻のほどおごめきて言ふは、その人のそらごとにはあらず。

(8)げにげにしく、ところどころうちおぼめき、よく知らぬよしして、さりながら、つまづまあはせて語るそらごとは、おそろしき事なり。

(9)我がため面目あるやうに言はれぬるそらごとは、人いたくあらがはず。

(10)皆人の興ずる虚言は、ひとり、「さもなかりしものを」と言はんも詮なくて、聞きゐたるほどに、証人にさへなされて、いとど定まりぬべし。

(11)とにもかくにも、そらごと多き世なり。

(12)ただ、常にある、めづらしからぬ事のままに心得たらん、よろづ違ふべからず。

(13)下ざまの人の物語は、耳おどろく事のみあり。よき人は怪しき事を語らず。

(14)かくはいへど、仏神の奇特、権者の伝記、さのみ信ぜざるべきにもあらず。

(15)これは、世俗の虚言をねんごろに信じたるもをこがましく、「よもあらじ」など言ふも詮なければ、

(16)大方はまことしくあひしらひて、偏に信ぜず、また疑ひ嘲るべからず。

p.167

第一〇九段

(1)高名の木登りといひしをのこ、人をおきてて、高き木に登せて梢を切らせしに、

(2)いと危く見えしほどは言ふ事もなくて、おるるときに軒長ばかりになりて、

(3)「あやまちすな。心しておりよ」と言葉をかけ侍りしを、「かばかりになりては、飛びおるるともおりなん。

(4)如何にかく言ふぞ」と申し侍りしかば、「その事に候。目くるめき、枝危きほどは、おのれが恐れ侍れば申さず。

(5)あやまちは、やすき所になりて、必ず仕る事に候」といふ。

(6)あやしき下臈なれども、聖人の戒めにかなへり。

(7)鞠も、難き所を蹴出して後、安く思へば、必ず落つと侍るやらん。

❖ 宇治拾遺物語 (鎌倉時代(1213～21年ごろ成立)、説話)

pp.45-47

〈十二 児(ちご)の掻餅(かいもち)するに空寝(そらね)したる事〉

(1)これも今は昔、比叡(ひえ)の山に児(ちご)ありけり。

(2)僧たち宵(よひ)のつれづれに「いざ掻餅(かいもちひ)せん」といひけるを、この児心寄せに聞きけり。

(3)「さりとて、し出(いだ)さんを待ちて寝ざらんもわろかりなん」と思ひて、

(4)片方(かたかた)に寄りて、寝たる由にて、出(い)で来(く)るを待ちけるに、

(5)すでにし出(いだ)したるさまにて、ひしめき合ひたり。

(6)この児、「定て驚かさんずらん」と待ちゐたるに、

(7)僧の、「物申し候(さぶら)はん。驚かせ給へ」といふを、うれしとは思へども、

(8)「ただ一度にいらへんも、待ちけるかともぞ思ふ」とて、

(9)「今一声(こゑ)呼ばれていらへん」と念じて寝たる程に、「や、な起し奉りそ。

(10)幼き人は寝入り給ひにけり」といふ声のしければ、あなわびしと思ひて、

(11)「今一度起せかし」と思ひ寝に聞けば、ひしひしと、ただ食ひに食ふ音のしければ、

(12)すべなくて無期(むご)の後(のち)に、「えい」といらへたりければ、僧たち笑ふ事限りなし。

〈十三　田舎(ゐなか)の児(ちご)、桜散るを見て泣く事〉

⑴これも今は昔、田舎の児(ちご)の比叡(ひえ)の山へ登りたりけるが、

⑵桜のめでたく咲きたりけるに、風のはげしく吹きけるを見て、

⑶この児さめざめと泣きけるを見て、僧のやはら寄りて、

⑷「などかうは泣かせ給ふぞ。この花の散を惜(を)しう覚えさせ給ふか。

⑸桜ははかなきものにて、かく程なくうつろひ候(さぶら)ふなり。

⑹されどもさのみぞ候ふ」と慰めければ、「桜の散らんはあながちにいかがせん、苦しからず。

⑺我(わ)が父(てて)の作たる麦の花の散りて、実(み)の入(い)らざらん思ふがわびしき」といひて、

⑻さくりあげて、よよと泣きければ、うたてしやな。

pp.114-115

〈六　絵仏師(ゑぶつし)良秀(りやうしう)、家の焼くるを見て悦(よろこ)ぶ事〉

⑴これも今は昔、絵仏師良秀といふありけり。

⑵家の隣より火出(い)で来(き)て、風おし掩(おほ)ひて、責(せ)めければ、

⑶逃げ出(い)でて、大路(おほち)へ出でにけり。人の書かする仏もおはしけり。

(4)また衣着ぬ妻子なども、さながら内にありけり。

(5)それも知らず、ただ逃げ出でたるを事にして、向ひのつらに立てり。

(6)見れば、すでに我が家に移りて、煙、炎くゆりけるまで、

(7)大方向ひのつらに立ちて眺めければ、あさましき事とて人ども来とぶらひけれど、騒がず。

(8)「いかに」と人いひければ、向ひに立ちて、家の焼くるを見てうち頷きて、時々笑ひけり。「あはれ、しつるせうとくかな。

(9)年比はわろく書きけるものかな」といふ時に、とぶらひに来たる者ども、

(10)「こはいかに、かくては立ち給へるぞ。あさましき事かな。

(11)物の憑き給へるか」といひければ、「何条物の憑くべきぞ。年比、不動尊の火焔を悪しく書きけるなり。

(12)今見れば、かうこそ燃えけれと、心得つるなり。これこそせうとくよ。

(13)この道を立てて世にあらんには仏だによく書き奉らば、百千の家も出で来なん。

(14)わたうたちこそ、させる能もおはせねば、物をも惜しみ給へ」といひて、

(15)あざ笑ひてこそ立てりけれ。

(16)その後にや、良秀がよぢり不動とて今に人々愛で合へり。

▶한문훈독문과 와분의 어휘(田中2014:327-328 表3·4인용)

巻12特徴語	語種	品詞	巻12頻度	巻27頻度	巻27の対立語	語種	品詞	巻12頻度	巻27頻度	双方向
疑ひ [有らず、有ら時、無し]	和	名詞	10	0	必ず	和	副詞	29	23	
女子 (おんなご)	和	名詞	7	0	女の童	和	句	0	23	
奇異	漢	名詞	19	2	あさまし	和	形容詞·形状詞	1	31	*
悟り [有り]	和	名詞	10	1	賢し	和	形容詞·形状詞	1	9	*
大臣 (だいじん)	漢	名詞	15	3	大臣 (おとど)	和	名詞	0	18	*
為 (ため)	和	名詞	54	8	とて	和	句	16	45	
端正	漢	名詞	6	0	うるはし	和	形容詞·形状詞	0	3	
並び [に]	和	名詞	16	0	など	和	助詞	6	95	
女人 (にょにん)	漢	名詞	16	0	女 (をんな)	和	名詞	17	111	
父母 (ぶも)	漢	名詞	30	4		和	名詞	1	4	*
諸々	和	名詞	25	1	あまた	和	副詞	0	18	*
汝	和	代名詞	44	6	其 (そこ)	和	代名詞	6	25	*
					己 (おのれ)	和	代名詞	2	19	
与ふ	和	動詞	20	2	取らす	和	句	0	12	
哀れむ	和	動詞	10	0	哀れ	和	形容詞·形状詞	10	14	
至る	和	動詞	27	3	つく	和	動詞	19	44	
生まる	和	動詞	20	0	生む	和	動詞	1	4	*
終はる	和	動詞	26	1	果つ	和	動詞	2	10	*
悲しむ	和	動詞	35	2	悲し	和	形容詞·形状詞	9	2	
化 (け) す	混	動詞	5	0	成る	和	動詞	53	74	
叫ぶ	和	動詞	11	0	声を挙ぐ	和	句	11	4	
従ふ	和	動詞	22	2	つく	和	動詞	19	44	
住す	混	動詞	14	1	生む	和	動詞	10	43	*
生ず	混	動詞	8	0	生む	和	動詞	4	1	
悩む	和	動詞	6	0	煩ふ	和	動詞	7	4	
開 (ひら) く	和	動詞	22	4	開 (あ) く	和	動詞	1	19	*
経 (ふ)	和	動詞	26	4	過ぐ	和	動詞	12	30	
在 (ましま) す	和	動詞	29	1	おはす	和	動詞	1	38	*
用ゐる	和	動詞	6	0	使ふ	和	動詞	7	5	
養ふ	和	動詞	6	1	傅 (かしづ) く	和	動詞	1	2	
喜ぶ	和	動詞	32	4	嬉し	和	形容詞·形状詞	2	11	*
明らか	和	形容詞·形状詞	5	0	明 (あか) し	和	形容詞·形状詞	2	6	
速やか	和	形容詞·形状詞	17	2	疾 (と) し	和	形容詞·形状詞	3	11	*
具 (つぶ) さ	和	形容詞·形状詞	7	1	詳し	和	形容詞·形状詞	0	3	
つゆ	和	副詞	8	0	聊か	和	副詞	3	3	
御 (ご)	漢	接辞	7	0	御 (み)	和	接辞	12	5	

巻27特徴語	語種	品詞	巻12頻度	巻27頻度	巻12の対立語	語種	品詞	巻12頻度	巻27頻度	双方向
あまた	和	名詞	1	18	多く	和	名詞	14	5	*
					諸々	和	名詞	25	1	
大臣（おとど）	和	名詞	0	18	大臣（だいじん）	漢	名詞	15	3	*
親	和	名詞	1	4	父母（ぶも）	漢	名詞	30	4	*
顔	和	名詞	1	15	面（おもて）	和	名詞	3	3	
侭	和	名詞	0	16	如し	和	助動詞	93	11	
					時に	和	句	75	57	
様（やう）	漢	名詞	12	62	如し	和	助動詞	93	11	
渡り	和	名詞	0	9	辺（ほとり）	和	名詞	15	16	
己（おのれ）	和	代名詞	2	19	汝	和	代名詞	44	6	*
開（あ）く	和	動詞	1	19	開（ひら）く	和	動詞	22	4	*
生む	和	動詞	1	4	生まる	和	動詞	20	9	*
御（おは）す	和	動詞	1	38	在（ましま）す	和	動詞	29	1	*
斯かり	和	動詞	1	23	然り	和	動詞	184	107	
生む	和	動詞	10	43	在す	混	動詞	14	1	*
果つ	和	動詞	2	10	絡わる	和	動詞	26	1	*
あさまし	和	形容詞·形状詞	1	31	奇異	漢	名詞	19	2	*
怪し	和	形容詞·形状詞	1	23	怪しむ	和	動詞	28	12	
嬉し	和	形容詞·形状詞	2	11	喜ぶ	和	動詞	32	4	*
恐ろし	和	形容詞·形状詞	10	52	恐る	和	動詞	8	13	
賢し	和	形容詞·形状詞	1	9	悟り有り	和	句	5	1	*
斯様（かやう）	漢	形容詞·形状詞	0	8	如此（かくのごと）し	和	句	35	1	
疾（と）し	和	形容詞·形状詞	3	11	速やか	和	形容詞·形状詞	17	2	*
いと	和	副詞	6	33	極めて	和	副詞	31	29	
え	和	副詞	0	27	能ふ	和	動詞	4	0	
然（さ）	和	副詞	4	25	然（しか）	和	副詞	3	3	
暫し	和	副詞	1	9	暫く	和	副詞	12	10	
軈（やが）て	和	副詞	0	6	即ち	和	副詞	20	6	
あな	和	副詞	0	8	ああ	和	副詞	1	0	
人（たり）	和	接辞	1	10	人（にん）	漢	接辞	9	7	

▶**古代語の接続助詞の整理**고대어 접속조사 정리(沖森·山本·永井2012:87-88인용)

의미	종류	접속형태
가정조건(仮定条件)	順接： ば	未然形
	逆接： とも	終止形
확정조건(確定条件)	順接： ば	已然形
	逆接： ど·ども	已然形
항상조건(恒常条件)	順接： ば	已然形
	逆接： ど·ども	已然形
전제조건(前提条件)	順接： ば	已然形
단순접속(単純接続)	で	未然形
	て·して·つつ	連用形
순접접속(順接接続)	が·に·を	連体形
역접접속(逆接接続)	も·ものの·ものを ものから·ものゆゑ	連体形

用例出典

본문을 인용할 때 읽기 쉽도록 편의상 한자 및 부호의 표기를 일부 정정했다.

○国立国語研究所 (2016)『日本語歴史コーパス平安時代編』(短単位データ1.1/ 長単位データ1.1)https://ccd.ninjal.ac.jp/chj/heian.html에 연결된 ジャパンナレッジ『新編日本古典文学全集』小学館…古今和歌集·新古今和歌集·竹取物語·土佐日記·伊勢物語·蜻蛉日記·落窪物語·堤中納言物語·枕草子·源氏物語·更級日記·大鏡·今昔物語集·方丈記·宇治拾遺物語·十訓抄·徒然草, ○兼澄集…『新編国歌大観』3, ○山家集…『西行全歌集』岩波文庫을 사용했다.

参考文献

青木博史・小柳智一・高山善行(2016)『日本語文法史研究 3』ひつじ書房.

浅川哲也・竹部歩美(2014)『歴史的変化から理解する現代日本語文法』おうふう,pp.127-171と pp.351-361.

林禔映(2019)「日本語文法史研究を活用した古典文法教育作りの実践 例」『日本語教育』90,韓国日本語教育学会, pp.43-52.

江口正(1992)「日本語の引用節の分布上の特性について」『九大言語学研究室報告』13, pp.39-44.

岡崎友子・森雄太(2016)『ワークブック日本語の歴史』くろしお出版, pp.38-53.

沖森卓也・永井悦子・山本真吾(2012)『古典文法の基礎(日本語ライブラリー)』朝倉書店, pp.1-74.

小田勝(2015)『実例詳解 古典文法総覧』和泉書院, pp.1-736.

小田勝(2018)『読解のための古典文法教室』和泉書院, pp.1-255.

柏野和佳子・市村太郎・平本智弥(2013)『よんだ100人の気持ちがよくわかる!百人一首』実業之日本社, pp.1-189.

小柳智一(2014)「中央語における動詞活用の歴史」『全国方言文法辞典資料集(2)活用体系(概説)』方言文法研究会, pp.20-29.

小柳智一(2018)『文法変化の研究』くろしお出版, pp.249-273.

高山善行・青木博史(2010)『ガイドブック日本語文法史』ひつじ書房, pp.1-129.

田中牧郎(2014)「『今昔物語集』における文体対立語-巻12と巻27の語彙比較による—」『第5回コーパス日本語学ワークショップ予稿集』国立国語研究所, pp.323-330.

福嶋健伸(2018)「新しい学説はどのように古典文法教育に貢献するのか—～ム・～ムズの違和感を言語類型の変化とテンス・アスペクト・モダリティ体系の変遷から説明する—」日本語文法学会編『日本語文法』18-2(9月号), pp.11-27.

森山卓郎・矢沢真人・安部朋世(2011)「国語科の学校文法における「品詞」について」『京都教育大学紀要』118, pp.91-106.